인문의 힘 시리즈④

인문의 언어로 세상을 말하다

염 철 현

머리말

　인간은 오감(五感), 즉 시각, 청각, 후각, 미각, 촉각 등 다섯 가지 감각을 통해 인간세계와 자연세계를 지각한다. 그리고 오감작용으로 지각된 사물은 인간의 감성을 자극한다. 그동안 출간된『인문의 힘 시리즈』《인문의 눈으로 세상을 보다》,《인문의 마음으로 세상을 읽다》,《인문의 귀로 세상을 듣다》에서는 인간의 오감 중 시각, 촉각, 청각 등을 통해 인간세계와 자연세계에서 비롯된 인문적 사고와 감성을 기술하려고 노력했다. 이번에 시리즈 4권으로 출간하게 된《인문의 언어로 세상을 말한다》에서 핵심어에 해당하는 '언어'란 언뜻 인간의 오감과 연관성이 떨어지는 것으로 생각할 수 있지만, 인간의 언어는 오감을 통해 두뇌에 전달된 모든 정보를 표현하는 상징체계라는 점에서 오히려 더 오감과의 관련성이 크다고 생각한다. 또한 인간이 표현하는 언어는 입(口)으로만이 아니라, 눈(目)이나 손가락(指)을 사용하여 표정이나 동작 그리고 상징어 등 다양한 방법으로 구사한다는 점에서 인간의 언어는 인문학 주제를 더 풍성하게 만드는데 기여한다고 생각한다.

　저자는 이번 시리즈를 준비하는 과정에서 저자와 관계를 맺고 있는 인간세계와 나를 둘러싸고 있는 자연세계에 대한 관심이 더 커지고 있음을 알 수 있었다. 눈에 보이는 것은 관심에 비례한다는 말이 맞는 것 같다. 이 세계에 대한 관심이 많을수록 저자의 세상에 대한 오감작용은 더 활발하게 작동했다. 주제를 고민하던 중에 어느 순간 전광석화 같은 연관어가 떠오르는 것을 숱하게 경험했다. 주제 연관어가 떠오르고 글의 윤곽이나 방향이 구체화 되어 갈 때의 성취감과 희열이야말로 인문학 시리즈를 계속 집필하게 하는 강력한 추동력이 되고 있다.

저자는 학교에서 교양과목으로 개설된 인문학이 학생들의 삶에 어떤 영향을 주는가에 대하여 궁금하였다. 특히 우리 대학의 성인학습자는 청소년 시기에 학업을 하는 10, 20대의 학생과는 다르게 왕성한 사회적, 경제적 활동을 하고 있다는 점에서 인문학 콘텐츠가 그들의 삶에 어떤 의미로 다가가는지 궁금했다. 지난 학기 기말평가의 추가시험에 응시한 학생에게 "여러분의 삶에 인문학은 어떤 의미인가?"라는 질문을 던졌다. 어떤 학생은 "인문학은 자신의 삶을 되돌아보기도 하고 앞으로의 삶의 방향을 설정하는데 나침반과 같은 역할을 한다. 또한 인문학은 삶이란 콘텐츠를 풍부하게 만드는 것 같다. 하루하루 다람쥐 쳇바퀴 돌아가는 것처럼 바쁘고 판에 박힌 듯 살아가는 일상생활에 의미를 부여하는 동기와 함께 잔잔한 위로를 제공한다"라고 기술했다. 또 다른 학생은 "인문학이 인간이 남긴 삶의 흔적과 동선을 좇는 작업이라고 할 때 자신이 걸어온 길이나 앞으로 걸어갈 길 역시 인문학 소재가 된다는 점에서 좀 더 진지한 삶을 살아야겠다는 각오를 다지는 계기가 되었다"라고 기술했다. 학생들이 서술한 내용을 보면 인문학이 성인학습자인 그들의 삶을 성찰하게 하고 의미를 부여하는 콘텐츠로 작동하고 있음을 알 수 있다. 인문학이 자칫 딱딱하고 고루한 것으로 생각하지 않는 것만으로도 다행스러운 마음이 들었고 인문학을 강의하는 선생으로서 보람을 느낀다. 학생들에게도 인문학의 핵심어는 성찰과 의미 부여로 꼽을 수 있다. 제대로 핵심을 짚어냈다고 생각한다.

인문학 시리즈를 집필하고 있는 저자 역시 인문학의 출발점은 인간세계와 자연세계에 대한 성찰(省察)이라고 생각한다. 인간의 삶과 행위에 관한 끊임없는 성찰은 곧 인문학의 방법론이면서 학문(學問)의 출발점이기도 하다. 학문이란 박학심문(博學審問), 즉 널리 배우고 자세히 묻는 것에서 비롯되었다고 하지 않던가. 성찰은 어려운 일이 아니다. 인간세계와 자연세계에 대한 호기심을 해소하기 위해 넓게 배우고 자세히 질문하는 행위 모두 성찰에 속한다. 성찰이야말로 인간이 다른 동물과 차별화된 사고작용일 것이다. 성찰을 반성적, 비판적 사고를 위한 기초작업이라고 고상하게 이야기하면 성찰은 의식적이 되고 생각의 근육에 힘이 들어가 오히려 사고작용에 걸림돌이 될 수 있다.

《주역》에 따르면 인문학은 천하의 교화를 위한 도구라고 한다. "천문을 살펴 시간의 변화를 알아내고, 인문을 살펴 천하의 교화를 이룬다(觀乎天文 以察時變 觀乎人文 以化成天下)." 천하를 교화하기 위해서는 인문을 살펴야 한다. 왜, 천하를 교화하는 데 인문의 역할이 중요할까. 인문, 즉 사람이 남긴 무늬나 흔적은 천하의 교화를 위한 사람의 피와 땀에서 비롯된 결과물이기 때문이다. 그리고 그 무늬나 흔적은 나를 둘러싼 인간세계와 자연세계에서 언제든 쉽게 찾아볼 수 있다. 인문(人文)이 곧 천문(天文)인 이유다. 동학의 핵심에 해당하는 인즉천(人卽天), 즉 '사람이 곧 하늘이다'라는 사상이 이해된다. 그리고 인문(人文)이 인문(人

紋)이듯 천문(天文)은 곧 천문(天紋)이다. 인문을 다루는 학문이 인문학이듯, 천문을 다루는 학문은 천문학이 된다.

《인문의 언어로 세상을 말하다》에서는 총 31개 주제를 담았다. 독자들의 이해를 쉽게 하기 위해 연관성이 높은 주제를 묶어 인(仁), 의(義), 예(禮), 지(智) 등 4개 영역으로 구분하였다. 인간의 네 가지 본성에 해당하는 인, 의, 예, 지는 주제를 묶어 나열하는 데 적합한 상위개념이라고 생각했다. 주제에 따라서는 영역의 성격에 정확히 맞아떨어지지 않은 주제도 있을 수 있다.

제1부 인(仁)에서는 측은지심(惻隱之心), 즉 '곤경에 처한 사람을 애처롭게 여기는 마음'과 관련된 내용을 기술했다. 우리 역사에서 불세출의 왕이면서 대학자이기도 했던 세종대왕의 애민(愛民) 사상, 설리번과 헬렌 켈러가 후세에 남긴 스승과 제자 간의 아름다운 사제지정(師弟之情) 그리고 식물을 애처롭게 여기는 인간의 마음에 대해 기술했다. 제2부 의(義)에서는 수오지심(羞惡之心), 즉 '의롭지 못함을 부끄러워하고, 착하지 못함을 미워하는 마음'에 대해 기술했다. 역사의 무대에서 정의의 편에서 살신성인(殺身成仁)을 실천했던 역사의 위인들에 대해 기술했다. 이순신 장군을 영국의 넬슨 제독과 비교하는 성찰을 해보는가 하면, 우리나라 민주주의의 뿌리로서 동학혁명을 조명하고, 식민통치기나 전쟁으로부터 문화재를 보호하기 위해 숭고한 인간미를 발휘한 이른바 모뉴먼츠맨들에 대해 기술했다. 특히 고려·거란전쟁(2차)에서 맹활약한 양규 장군에 대한 새로운 발견은 역사의 개펄에서 진주를 캐낸 것인 양 남다른 기쁨과 보람으로 남을 것이다. 제3부 예(禮)에서는 사양지심(辭讓之心), 즉 '겸손하여 남에게 사양할 줄 아는 마음'과 관련된 이야기를

기술했다. 부모님을 끝까지 지킨 은행나무에 얽힌 사연, '넘침은 모자람만 못하다'라는 계영배(戒盈杯) 정신 그리고 사양지심의 반대편에 섰던 비굴한 사람들에 대해 기술했다. 그리고 제4부 지(智)에서는 시비지심(是非之心), 즉 '옳고 그름을 판단할 줄 아는 마음'에 대해 기술했다. 민주주의를 활짝 꽃피게 하는 여러 요인 중 대통령 선거에서 패배한 후보의 승복연설을 강조했다. 무엇보다 교육학 전공자로서 교육의 우선순위에 대해 성찰하였다. 아까시나무와 아카시아의 혼란에 대한 이야기를 통해서는 '현재 알고 있는 지식이 반드시 옳은 것이 아닐 수 있다'라는 점에서 배움에 대한 열린 마음과 겸허함을 깨우치게 했다.

인문의 언어로 세상에 대해 말하고 싶은 저자의 생각과는 달리 인문의 언어에 한계를 절감한 적이 한두 번이 아니다. 주제를 전개하는 데 필요한 적합한 언어를 찾는 것이 쉽지 않았다. 주제에 대한 감성을 표현하기에 인문의 언어가 턱없이 부족함을 느낄 때는 펜을 놓고 싶었다. 한 줄 써놓고 몇 날 며칠을 고치고 또 고치기를 반복했다. 어니스트 헤밍웨이가 한 줄을 써놓고 수백 번을 수정했다는 말에 힘을 얻었다. 탈고를 하고 1차 교정을 보던 중《박영사》의 안종만 회장님이 전화를 걸어와 "좋은 책을 내주어 고맙다"라는 말씀과 함께 저자를 점심에 초대했다. 시리즈를 집필하면서 느끼는 피로감이 해소되었고 많은 격려와 위로가 되었다. 괜히 명문 출판사가 아닌 것 같다는 생각이 들었다. 더불어 출판 시장 그것도 인문학 서적 시장의 판로가 어려운 중에도 출간을 독려하고 깊은 관심을 보여주신《박영 story》의 노현 상무님과 본문의 내용을 꼼꼼하게 챙기며 건설적 제안을 해주신 전채린 차장님에게 감사의 인사를 드린다. 또한 바쁜 일정 중에도 교열과 교정을 위해 소중한 시간을 내준 우리 대학 졸업생 박신아 선생에 대한 특별한 감사를 빼놓을 수 없을 것이다. 이제 인문학 시리즈 5권만을 남겨놓고 있다. 독자 여러분의 삶이 인문의 언어로 충만하길 바라며, 지속적인 관심과 함께 애정 어린 질정(叱正)을 기대한다.

2024년 3월
북촌 화정관에서 염철현 드림

차례

제1부

인(仁)_측은지심(惻隱之心)
곤경에 처한 사람을 애처롭게 여기는 마음

세종의 다문화 정책
인(仁)을 베풀어 정치를 펴다

세종(재위 1418~1450)은 우리 민족의 자긍심이다. 불세출의 군주다. 세종은 군주, 정치인, 학자로서뿐만 아니라 인격자로서도 후세에 본보기가 되고 있다. 그가 남긴 업적과 유산은 일일이 나열하기 어려울 정도다. 저자는 조선의 세종 때야말로 가장 역동적인 시기였고 국가적으로도 가장 자신감이 충만했던 시기라고 생각한다. 국가의 역동성과 국내외적인 자신감은 외국인에 대한 개방 및 포용 정책으로 이어졌다. 세종 시대의 다문화 정책은 다문화사회가 된 대한민국에도 의미 있는 교훈을 제공한다.

세종은 북쪽의 4군(우예, 여연, 자성, 무창)과 6진(온성, 종성, 경원, 경흥, 회령, 부령)을 개척하면서 압록강과 두만강을 조선의 실제 국경선으로 확보하는 데 성공했다. 15세기 세종 때의 국경선이 21세기 지금의 한반도 국경선이다. 확장된 국토에는 삼남지역, 즉 경상, 전라, 충청 3도의 백성을 대거 이주시키는 '사민(徙民)' 정책을 시행했다. 사민(이주) 정책은 기본적으로 북방 변경 지역의 방어를 목적으로 추진되었는데, 당시 북방으로 이주한 사람들의 규모는 범죄자를 제외하고도 3,733호(戶)에 이르렀다(사민, 우리 역사넷). 초기 사민 정책의 추진 방식은 지원자에게 토지와 관직을 내려주고 세금을 면제해 주는 조건 등을 내세워 자발적인 이주를 유도했지만 자원자가 턱없이 부족하였다. 이후에는 경상도와 전라도, 충청도 지역에서 이주시킬 숫자를 정해놓고 파견된 관리가 직접 선발하도록 하였다. 이 방식으로도 넓은 국토에 거주할 사람이 부족해지자 삼남 지방 백성을 평안도와 함길도 남쪽으로 이주시키고, 평안도, 함길도 남쪽 사람들을 4군 6진으로 이주시키는 방식을 택하기도 하였다. 그러나 반강제적으로 추진되는 이주 정책에 대한 백성들의 저항이 컸고, 사민 대상자가 된 사람 중에는 자살하거나 자해로 장애인이 되는 경우가 있을 정도로 우려스러운 상황에 부닥치기도 했다. 세종 재위 기간에 매년 1만 명씩, 총 15만여 명이 이주한 것으로 보인다(4군 6진 개척, 우리 역사넷).

세종은 확장된 국토에 사람만을 이주시킨 것은 아니었다. 세종은 이주민들이 안정적인 생활을 하는 데 필요로 하는 농사짓는 법, 교육, 의료, 행정조직 등 전반적인 측면에서 지속해서 관심을 두고 지원을 아끼지 않았다. 시간이 흐르면서 세종의 이주 정책은 효과를 나타냈고, 18세기에 이르러서는 서북지방에서 과거에 합격한 인재들이 쏟아져 나왔다. 평양의 전주 김씨(북한 김정은의 조상)와 정주의 수원 백씨(시인 백석의 조상) 등이 대표적이었다(백승종, 2020).

세종 시대의 대외정책은 '은혜와 위력의 병용(恩威竝用)'으로 요약된다. "은혜가 없으면 그들의 마음을 기쁘게 할 수가 없으며, 위력이 없으면 그 뜻을 두렵게 할 수가 없다."(세종실록 18년 11월 9일) 세종은 주변국에서 조공을 보내오면 받아들이고, 나라에 애경사가 있을 땐 예물을 주고받되, 국경을 넘어 약탈해 오면 강력하게 토벌을 감행했다. 강온전략이다. 세종의 개방, 포용 정책은 주변국 사람들의 연이은 집단 귀화 현상을 초래했는데, 당시 명나라가 '조선이 장차 패권국이 될지도 모른다'라고 우려할 정도였다. "조선국은 임금이 어질어서 중국 다음갈 만하다." "요동(遼東)의 동쪽이 옛날에는 조선에 속했는데, 만일 요동 여진족이 조선에 귀화한다면 중국도 감히 항거하지 못할 것"이라는 말이 나돌 정도였다(박현모, 2021).

왜, 세종 때에 조선으로 귀화하는 외국인이 많았을까? 세종은 첫째, 귀화인들이 정착할 수 있게 집과 식량, 그리고 옷을 제공하는 한편 세금을 면제해 주었다. 귀화인의 지원은 정착 정도에 따라 3등급으로 나누었다. 즉 생계유지 단계, 우마를 기르는 단계 그리고 "본국인과 같은 예로 대우"하는 단계로 구분했다. 둘째, 세종은 귀화인에 대한 차별을 금지했다. 차별금지 정책의 시행이다. "귀화인도 곧 우리나라 백성"이라는 정책 기조에 따라 귀화인들을 우리나라 사람들과 혼인해 살게 했다. 셋째, 귀화인의 향수와 소외감을 달래기 위해 활쏘기 대회 및 모구(毛毬) 시합(모구는 가죽으로 싼 공으로, 한쪽 편이 말을 타고 모구를 끌고 가면 상대편이 따라가면서 활을 쏘아 맞히는 경기)을 벌이기도 했다. 새해 하례식에는 야인, 왜인, 아랍인(回回人) 등 귀화인들도 참석하게 했다. 세종의 외국인 귀화 정책을 한마디로 시인발정(施仁發政), 즉 '어짊(仁)을 베풀어 정치를 펴다'이다. 세종에게 어짊의 대상은 조선 백성에 한정되지 않고 귀화한 이민족까지 포용했다(박현모, 2021). 동서고금의 역사를 볼 때 나라의 문호를 활짝 열고 다양성을 포용하는 국가가 번영했다. 중국의 당나라와 유럽의 로마가 그랬고, 지금의 미국이 그렇다. 그리고 조선에서는 세종 때에 그러했다.

세종이 귀화인을 어떻게 포용하고 대우했는가에 대해서는 조선 최고의 과학자, 기술자로 평가받는 장영실(蔣英實, 생몰년 미상)을 보면 알 수 있다. 장영실의 아버지는 중국에서 귀화한 인물이고, 어머니는 관기(官妓)였다. 장영실은 천자종모법(賤者從母法), 즉 '천민 신분은 모계에 따른다는 법'에 따라 노비가 됐다. 세종은 천민 신분 출신인 장영실의 뛰어난 재능을 인정하여 조정에 발탁했다. 《세종실록》에는 태종이 장영실을 처음 발탁한 것으로 기록되어 있지만, 세종대에 장영실의 재능이 본격적으로 발휘되어 조선의 과학기술 문화를 꽃피웠다. 세종은 귀화인의 차별을 금지하고 재능있는 귀화인에 대해서는 본국인과 같은 예로 대우했다. 장영실은 천문 관측 기계와 시계를 제작하는 등 조선 시대 과학기술의 발전에 크게 공헌했다. 세종은 장영실의 재능과 공적을 높이 평가하고 천민 신분을 면제하고 종3품의 벼슬을 하사했다. 철두철미한 유교적 신분 계급사회를 지향했던 조선 시대에 장영실이 세종을 만나지 않았다면, 어떻게 그의 재능을 꽃피우고 그런 대우를 받았을까 싶다. 《세종실록》에 실린 장영실에 관한 기록을 인용해 보자.

> 장영실은 그 아비가 본래 원(元)나라의 소주(蘇州)·항주(杭州) 사람이고, 어미는 기생이었는데, 공교(工巧)한 솜씨가 보통 사람에 뛰어나므로 태종께서 보호하시었고, 나도 역시 이를 아낀다. … 영실의 사람됨이 비단 공교한 솜씨만 있는 것이 아니라 성질이 똑똑하기가 보통에 뛰어나서, 항상 강무(講武)할 때에는 내 곁에 가까이 두고 내시를 대신하여 명령을 전하기도 하였다. 그러나 어찌 이

것을 공이라고 하겠는가. 이제 자격궁루(自擊宮漏, 물시계)를 만들었는데 비록 나의 가르침을 받아서 하였지마는, 만약 이 사람이 아니더라면 암만해도 만들어 내지 못했을 것이다. 내가 들으니 원나라 순제(順帝) 때에 저절로 치는 물시계가 있었다 하나, 그러나 만듦새의 정교함이 아마도 영실의 정밀함에는 미치지 못하였을 것이다. 만대에 이어 전할 기물을 능히 만들었으니 그 공이 작지 아니하므로 호군(護軍)의 관직을 더해 주고자 한다.

세종의 총애를 받으며 조선 과학기술의 경지를 최고조에 이르게 했던 장영실에게 불운이 따랐다. 장영실이 세종의 안여(安輿), 즉 왕이 타는 수레를 감독하고 제조하였는데 그만 안여가 부서지고 말았다. 임금의 안위에 관계되는 중죄에 해당했다. 장영실은 곤장 80대를 맞고 역사의 뒤안길로 사라졌다. 만약 장영실이 천민 출신이 아니었더라면, 조선 과학기술의 역사를 더 써 내려가지 않았을까 하는 아쉬움을 갖게 된다.

세종의 이주 및 귀화 정책은 다문화사회에 많은 교훈을 제시한다. 오늘날은 세종 때보다 이주 및 귀화의 규모와 방식만이 달라졌을 뿐이다. 경제협력개발기구(OECD)에서는 다문화 국가가 되기 위해 한 국가의 총인구 대비 5% 이상이 외국인이어야 한다는 기준을 제시하고 있는데, 우리나라도 그 기준(2023년 9월 기준, 장단기 체류 외국인은 251만 4천 명으로 전체 인구의 4.89%)에 근접하고 있다. 외국인 취업자는 조만간 100만 명에 이를 것으로 보인다. 지역별로는 오래전에 다문화사회가 된 지역도 여러 곳이 있다. 전국적으로 10여 개의 지역은 이미 5%를 넘어섰다. 전국 시군구별로 다문화 초등학생이 차지하는 비율을 보면 우리 사회가 어떻게 변화해야 할 것인가에 대한 방향성을 읽을 수 있다. 2022년 기준, 전국 229개 시군구 중 다문화 초등학생이 10% 이상을 차지하는 지자체는 56곳(24.5%)에 달한다. 전남 함평은 20.5%, 경북 영양은 20.2%, 전남 신안은 20%, 전북 임실은 19.5%, 전남 영암은 19.3%를 나타냈다. 전교생의 절반 이상이 다문화 학생인 초등학교는 77곳에 달한다. 다문화 특구인 경기도 안산의 한 초등학교는 전교생 중 95%가 다문화 학생이고 출신국이 17개국에 달한다.

객관적인 지표를 보면 우리 사회는 다문화사회에 진입했다. 다문화 사회는 다양한 문화가 공존하는 사회이고 다양성과 이질성을 본질로 한다. 국가, 지방자치단체, 군대, 교육기관, 경제, 일상생활 등 우리 사회의 골격을 이루는 모든 부문에서 새로운 틀을 짜야 한다. 시급한 것은 '다문화가족(가정)'의 용어부터 수정이 필요하다. 미국인은 미국에 사는 한국인에 대해 한국계 미국인(Korean-American)이라고 부른다. 이것은 미국에서 한국인이라는 정체성을 가지고 거주하는 한국인을 의미한다. 우리나라에서는 유럽 출신이든, 아시아, 중동 출신이든 모두를 묶어 '다문화'라는 수식어를 붙인다. 학생이면 다문화 학생, 가정이면 다문화 가정으로 부른다. 동화주의적인 '용광로 이론'의 산물이다. 이주민이 자신의 정체성이나 색깔을 드러내지 못하는 용어다. 최근에야 다문화가족 이란 용어 대신에 이주 배경 주민(약칭 '이주민')이라는 용어를 사용하자는 의견이 나오기 시작했다. 늦었지만 바로 잡아야 한다. 이주민의 배경과 정체성을 존중하는 다문화 국가, 다문화사회가 지녀야 할 최소한 인식이다.

김춘수 시인은 〈꽃〉에서 왜 사람이나 식물에 적당한 이름이 필요한 가를 알려준다. "내가 그의 이름을 불러주기 전에는/ 그는 다만/ 하나의 몸짓에 지나지 않았다/ 내가 그의 이름을 불러주었을 때/ 그는 나에게로 와서/ 꽃이 되었다." 이주민은 인구절벽의 위기에 직면한 우리나라의 소중한 미래 자산이다. 소중한 자산에 제대로 된 이름을 불어주어야 할 때다.

우리나라의 인구절벽 문제를 대변하는 용어는 고령화, 저출산이다. 수명은 점점 길어지고 있지만, 새로 태어나는 아이는 적어지고 있다. 저출산은 총인구가 줄어드는 것 외에도 생산인구의 감소를 의미한다. 노인 인구는 늘어나는데 이를 부양할 젊은이는 적다는 뜻이다. 2022년 합계출산율(15~49세의 가임 여성 1명이 평생 낳을 것으로 예상하는 평균 출생아 수)은 0.78명이다. 국가적인 대재앙이다. 인구 감소를 넘어 국가 소멸을 걱정해야 할 정도다. 대안 중 하나는 외국인을 적극적으로 수용하는 것이다. 우리나라에서 외국인은 없어서는 안 될 존재가 되었다. 농촌의 수확기에 논이나 밭에서 일하는 사람의 90% 이상이 외국인이다. 건설 현장에서도 외국인이 아니면 공정이 제대로 진행되지 않는다. 대다수 지방대학은 유학생이 없으면 문을 닫아야 할 처지다. 우리나라가 외국인을 적극적으로 수용하는 데 필요한 구비 조건 중 가장 우선해야 하는 것은 이주 외국인의 경제적 안정이다. 세종 때도 그랬고 오늘날에도 사람에게 가장 우선시 되는 것은 먹고사는 일이다. 항산(恒産)이 있어야 항심(恒心)이 있는 법이다.

또한, 우리나라 사람들이 순혈주의나 단일민족 같은 민족 이념에서 벗어나는 것이다. 단일민족이라는 혈통 사상은 유효기간이 지났다. 그것은 일제강점기에 독립운동하거나 광복 후 혼란한 사회를 통합하기 위한 수단으로 등장했다. 역사학자 손진태(1900~?)가 광복 후 한민족이 단일민족이라고 주장했던 내용 일부를 옮겨본다.

> 엄밀한 의미의 단일민족은 사실상 존재하지 아니하나, 한 민족 중
> 에 어떤 종족의 혈액이 그 80~90%를 점유한다면, 우리는 이것을
> 단일민족이라 하여도 결코 잘못이 아니다. 이러한 의미에서 나는
> 조선 민족을 단일민족이라고 하는 것이다. 우리의 혈액 중에 한족
> (漢族), 몽골족, 남방족, 중세 여진족 기타 백인종의 혈액까지도 혼
> 류되어 있는 것은 사실이나, 그 비율은 전체에 대하여 문제가 되지
> 않는다. (중략) 668년 신라의 삼국통일로부터 현 조선 민족의 모체
> 가 결정적으로 되어, 지금에 이르기까지 약 1300년간 단일민족의
> 단일국가로서 전승되었다.

위의 인용문은 한국인은 곧 단일민족이라는 설명을 하고 있다. "한
민족에서 어떤 종족의 혈액이 80~90%를 점유한다면 단일민족이다"라
는 말을 어떻게 받아들여야 할지 모르겠다. 사실상 단일민족이란 존재
하지 않는다면서도 굳이 한민족을 단일민족이라고 주장하는 것은 억지
주장이 아니겠는가. 언뜻 견강부회(牽强附會)의 논리로 보인다. 이러한
주장에 대해 역사학계에서는 광복 후 신민족주의 사학의 기풍으로 해
석한다. 신민족주의 사학이란, 대내적으로 민주주의를 이룩해 민족 간
의 갈등과 계층의 대립을 해소하고 대외적으로는 민족 간의 자주와 평
등을 유지하려는 이념에 기초한 우리나라 역사학계의 학문 사조다. 그
러나 신민족주의 사학은 문헌고증을 위주로 한 실증사학에서 벗어나
민족주의의 관념과 도덕적 해석에 기초함으로써 뚜렷한 이념이나 새로
운 방향성을 제시하지 못하고 계급 간 갈등 해소와 민족의 화합만을 강

조해 도덕적 이상론에 그치는 한계를 보였다(한국민족문화대백과사전). 결국, 한국인이 단일민족이라는 주장은 광복 후 우리 민족 간의 대립과 갈등을 해소하여 민족통합을 꾀하고, 외세의 간섭을 배제한 채 한민족 주도의 국가를 운영하는 데 필요한 이념이나 사상으로 이해할 수 있다.

바야흐로 대한민국에 외국 노동자, 유학생, 결혼이주민 등 이주민이 밀물처럼 이주하고 있다. 앞으로 이주현상은 더 활발하게 진행될 것이다. 우리 사회의 각 분야에서 이주민을 필요로 하기 때문이다. 다문화 사회가 된 대한민국은 이주민 정책에 대한 뚜렷한 철학과 원칙을 가지고 있는가. 세종 때에 귀화인을 대상으로 펼쳤던 '인(仁)의 정치'를 그대로 따라가는 것은 현실적으로 무리가 있겠지만 다문화 감수성이 높았던 세종이 추진한 이주 및 귀화 정책의 기조는 여전히 유효하다고 생각한다. 우리나라 다문화사회의 초석은 은혜와 위력의 병용(恩威竝用)에 기저를 둔 시인발정(施仁發政)의 철학에 기반을 두면 어떨지 싶다.

📖 박현모. (2006). 《세종의 수성 리더십》. 서울: 삼성경제연구소.
《세종실록》 61권, 세종 15년 9월 16일 을미 3번째 기사.
손진태. (1988). 《朝鮮民族史槪論》. 서울: 을유문화사.
박현모. (2021). 《조선일보》. 〈[박현모의 실록 속으로] 세종 치세에 여진
    ·일본·아랍인 귀화 행렬 … 明도 조선을 경계했다〉. 9월 7일.
백승종. (2020). 《월간중앙》. 〈[백승종의 세종 리더십과 부민(富民)의
    길(9)] 남쪽 백성 이주 '사민정책'과 항구적 국경 방어망〉. 8월
    17일.
장세정. (2023). 《중앙일보》. 〈외국인 내년 5% 돌파 … '다인종, 다문화
    국가' 준비됐나〉. 11월 13일.

최현주. (2023).《중앙일보》.〈외국인 노동자〉. 6월 5일.

최민지 · 장윤서. (2023).《중앙일보》.〈56개 시군구, 다문화 초등생 10%
넘었다〉. 11월 7일.

〈4군 6진 개척〉. 우리 역사넷.

〈사민(徙民)〉. 우리 역사넷.

〈신민족주의사학(新民族主義史學)〉. 한국민족문화대백과사전.

〈장영실〉. 우리 역사넷.

〈천문: 하늘에 묻는다〉. (2019). 영화.

사람이나 식물에 필요한 말
북돋아 주다

농촌에 살면서 텃밭을 가꾸는 재미가 쏠쏠하다. 직접 밭고랑을 만들고 씨를 뿌린 후 새싹이 나오기를 기다리는 시간은 설렘 반 걱정 반이다. 싹이 제대로 나올까, 하는 걱정을 하지만 어떤 싹이 어떤 형태로 나올지 기다리는 설렘은 그 무엇과도 바꿀 수 없다. 파종을 마친 농부가 매일 아침저녁으로 논밭에 나가 작물(作物)의 상태를 확인하는 심정을 알 것 같다.

논밭에 뿌린 씨앗이 발아하여 싹이 나오는 것은 마치 산모가 출산한 것에 비유할 수 있을 것이다. 부모가 생명이 태어난 뒤 본격적으로 양육하는데 모든 에너지를 쏟는 것처럼 농부 역시 발아한 새싹을 어떻게 잘 가꿀 것인가에 모든 정성을 쏟는다. 부모가 갓 태어난 아이의 성장을 위해 필요한 영양분을 공급하고 필요한 환경을 조성하는 것처럼 논밭의 작물에도 같은 원리가 필요하다.

식물의 뿌리를 싸고 있는 흙을 '북'이라고 한다. 땅에 뿌리를 내린 식물이 온전히 성장하기 위해서는 흙의 힘을 돋아주어야 하는데 여기에서 '북돋아 주다'라는 말이 유래한다. 북돋아 주는 행위는 식물의 높이에 맞춰 그것에 맞는 흙을 보충하는 것이다. 한자식 표현으로는 '배토(培土)'다. 이렇게 하면 잡초를 없애고 배수를 돕고 지온(地溫)을 상승시켜 뿌리의 발달을 좋게 하는 효과가 있다. 탐스러운 열매를 맺기 위해서는 '풀은 뽑아주고 흙은 북돋아 준다'라는 말이 생긴 이유다. 물론 지나치게 많은 흙을 보충하는 것은 오히려 식물에 해가 될 터이니 경계해야 할 것이다.

재배(栽培)는 '심을 재'와 '북돋울 배'의 합성어로 식물을 재배하는 것은 심고 북돋우는 행위가 동시에 일어난다는 뜻이다. 식물을 심는 것으로만 그치는 것이 아니고 흙을 싸 덮어서 가꾸어야 비로소 재배라는 말이 성립한다. 학습(學習)이 '배울 학(學)'과 '익힐 습(習)'의 합성어로 학습은 배움과 익힘 작용이 동시에 일어났을 때 진정한 의미의 학습이 되는 것과 같은 이치다. 세상이 온통 배워야 할 것으로 가득 차 있다. 그러기에 시간과 장소를 가리지 않고 진지하고 겸허한 평생 학습자가 되어야 한다는 생각이다.

요즘처럼 '북돋아 주다'라는 말이 가슴에 와닿는 적이 없다. 텃밭에 심은 감자와 대파는 흙을 북돋아 준 만큼 키가 자라고 줄기는 굵고 탄탄해졌다. '북돋아 주다'라는 단어는 '사람의 기운이나 정신을 북돋아 주다'와 같이 사람을 대상으로만 사용하는 줄 알았다. 저자가 사람만을 생각하는 편협하고 아둔한 생각을 깨친 것은 불과 몇 개월 전이었다. '북돋아 주다'는 식물을 재배할 때나 사람의 힘을 고취할 때 사용하는 단어다. 저자는 '북'을 '복'으로 알아듣고 '복돋아 주다'로 잘못 사용하기도 했다.

'북돋아 주다'라는 단어의 의미를 알고 난 뒤에 텃밭에 심은 대파 뿌리에 적당량의 흙을 북돋아 주었다. 대파는 흙의 기운을 받아 튼튼하게 자라났다. 특히 여름철 강풍을 동반한 폭우에도 끄떡없이 버텼다. 농촌 출신에 어깨너머로 스치듯 배운 농사지식을 고집하면 농사를 망칠 수 있다는 생각이다. 아예 처음부터 모른다고 인정하고 제대로 배운 것만 못 할 것이다. 그래서인지 수십 년 동안 농촌에 삶의 터전을 두고 농사를 짓는 농부를 보면 감탄과 동시에 존경심이 저절로 생긴다. 프로 농부의 논밭은 다르다. 프로 농부가 재배하는 논밭은 시각적으로도 보기 좋고 다양한 종류의 작물들이 제자리에서 제대로 존재감을 나타낸다. 작물의 위치가 질서 정연하고 작물이 신명 나고 즐거워 보이기까지 한다. 신명 나고 즐거운 작물은 때가 되면 풍성하고 탐스러운 열매를 맺게 될 것이다. 사필귀정(事必歸正)이다.

농부가 파종을 하고 싹을 돌보고 잡초를 제거하고 지지대를 세워주고 하는 일련의 과정에는 보이지 않는 자연의 이치에 대한 지식과 과학적 원리를 내포하고 있다. 자연의 법칙과 농법을 절묘하게 조화시켜 실천하는 농부는 자연과학 분야의 과학자다. 저자는 올해 여름 과학으로서 농사의 원리 중 하나인 '북돋아 주다'를 체득하였다. 그리고 '북돋아 주다'는 식물만이 아니라 사람에게도 똑같이 필요한 언어인 것도 알았다. 우리 사회에서도 북돋아 주는 말과 행동이 많으면 좋겠다. 더불어 공동체를 위한 기본 원리이니 말이다. 그러면서 나의 '북'을 돋아주는 것도 잊지 않도록 하자. 자기를 아끼고 사랑하는 사람이 다른 사람도 아끼고 사랑할 수 있기 때문이다.

요즘 '멘토(mentor)'라는 말을 흔히 쓴다. 멘티에게 도움을 주는 조언자, 상담자, 지도자라는 뜻이다. '멘토'는 그리스 신화에서 유래되었다는 설이 유력하다. 이오니아해 이타케섬의 왕 오디세우스(Odysseus)가 트로이 전쟁에 출전하면서 그의 가장 친한 친구인 멘토에게 아들 텔레마코스의 교육을 맡기고 나갔다. 멘토는 그 아들을 선생처럼 친구처럼 부모처럼 정성껏 키웠다고 한다. 오디세우스가 전쟁이 끝나고 집에 돌아왔을 때 아들이 훌륭하게 성장한 것을 보았다. 오디세우스는 친구에게 고위직을 제안하지만, 친구는 자신의 할 일을 했다며 홀연히 떠난다. 눈여겨보아야 할 대목이다. 멘토는 물질적인 보상이나 눈에 보이는 명예를 위해 하는 것이 아니다. 멘토는 멘티를 위해 헌신하고 그의 성공을 돕는 것이다. 맑고 향기로운 인간관계다.

사람은 저절로 혼자되지 않는 법이다. 누구나 멘토가 있기 마련이다. 또 자신이 누군가의 멘토일 수도 있다. 그 멘토는 부모가 될 수도 있고, 친구나 직장의 상사가 될 수도 있을 것이다. 우리는 누군가를 의식적이든 무의식적으로 북돋아 주는 것이다. '그 누군가'는 사람만이 아니라 동물이나 식물을 포함한다. '북돋아 주다'라는 말은 멘토의 개념에 어울리는 소중한 말이 아닐까 싶다.

우리나라 문해 교육의 명암
문해율 vs 문해력

우리나라 정부 통계에 따르면, 18세 이상 인구(2021년 기준) 중 비문해율(과거 '문맹률')은 약 4.5%라고 한다. 광복 직후 12세 이상 인구의 비문해율은 약 78%였다. 기적에 가까운 반전이 아닐 수 없다. 한편 2022년 경제협력개발기구(OECD)의 '청소년 디지털 문해력 조사'에 따르면 한국의 비문해율은 1% 정도지만, 문장을 읽고 정확한 의미를 파악하지 못하는 비율은 무려 75%에 달하는 것으로 집계됐다. 충격적인 통계가 아닐 수 없다. 한국인은 문자를 단순히 읽고 쓸 수 있는 능력은 뛰어나지만, 문장을 정확히 이해하고 그것을 자기 것으로 소화하는 능력은 문맹에 가깝다는 말이다.

통계에서 나타난 대로 한국인의 문해율은 높지만 문해력은 후진국 수준이다. 문해력은 단지 글자를 보고 읽는 능력에 그치는 것이 아니라 문장을 실제로 이해하는 능력이다. 요즘엔 문장뿐 아니라 특정 분야 혹은 영역에 대한 인식을 나타내는 것으로 생태 문해력, 이미지 문해력, 미디어 리터러시(매체 이해력), 디지털 문해력 등 다양한 개념이 등장하고 있다. 그래서 등장한 용어가 '실질 문맹률'이다. 실질 문맹이란 글을 읽고 쓸 수 있는 능력을 소유하여 문맹에서는 벗어났지만 문장을 읽고 정확하게 이해하지 못하는 사람을 말한다. 실제로는 문맹에 가깝다는 뜻이다. 2021년 정부 조사에 따르면, 우리나라 성인의 실질 문맹률은 20%가 넘는다고 한다. 실질 문맹의 기준은 중학교 학력 이상 수준의 문해력을 갖추지 못한 경우다. 우리나라 고등교육 이수율은 70% 후반 대로 세계 최고 수준인데 기이한 일이다.

　실질 문맹률은 나이별로 차이가 심하게 난다. 50대는 8%, 60대는 36%, 70대 59%, 80대 이상은 78%로 가파르게 올라간다. OECD가 회원국을 대상으로 한 문장 독해력 조사 결과에서도 정부 조사 결과를 뒷받침한다. 24세까지의 문장 독해 능력은 세계 최고 수준을 나타냈지만, 55세에서 65세 사이의 독해 능력은 20위로 최하위권이었다. 65세 이상의 연령대는 더 말할 나위 없을 것이다. 젊은 층과 노년층의 문해력 격차는 OECD 1위다.

　문해력과 관련지어 재미있지만 우려스러운 일이 비일비재하다. 특히 우리말과 한자어가 혼재된 말이나 문장에 대한 문해력이 떨어진다. 예컨대, '심심(甚深)한 사과'는 '지루하고 재미없는 사과', '금일(今日) 마감'은 '금요일 마감', '고지식하다'는 '고(高) 지식'으로 그리고 '사흘'은 '4일'로 이해하거나 해석한다. 일상생활에서 흔하게 사용하는 '흥미 있는 일이 없어 심심하고 지루하다'라는 무료(無聊)를 일상생활에서 흔하게 사용하는 '무료(無料)'로 이해하는 예도 많다. 하물며 언론사의 기자조차도 '무운(武運)을 빈다'를 '운이 없기를 빈다(無運)'로 해석하는 바람에 논란이 불거지기도 했다.

문맹 퇴치 운동은 광복 이후 중요한 국가정책 중 하나였다. 국가에서는 '문맹 국민 완전 퇴치 운동'을 전개했다. 문맹 퇴치에 이바지한 공로자를 표창하는 시상식의 현수막에 "없어지는 눈뜬장님, 자라나는 민주대한"이라는 글을 쓸 정도였다. 그때에는 평생교육이란 개념도 없을 때였다. 부모는 자녀에게 '한 글자'라도 가르치기 위해 밤을 낮 삼아 일하고 소, 돼지를 팔았다. 그렇게 해서 가장 짧은 시간에 가장 높은 문해율을 달성했고, 그것은 국가 경제발전과 민주주의의 원동력이 되었다. 오늘날 문해율이 낮은 아시아, 아프리카에서는 선거 벽보를 숫자나 글자 대신에 그림으로 표시하는 나라가 있다고 하니 글을 읽고 쓰고 이해하는 문해 능력이 얼마나 중요한지를 보여준다.

　　우리나라는 GDP만 놓고 보면 선진국 반열에 올랐다. 세계 10대 무역국이다. 지구상에서 가장 가난했던 나라에서 가장 빠르게 선진국에 진입한 국가가 되었다. 압축성장의 본보기다. 그런 나라의 비문해력이 75%(인구의 3분의 2)라고 하면 믿기 어려울 것이다. 부끄러움을 넘어 국가의 문해 교육 정책에 대한 총체적인 부실을 탓하지 않을 수 없다. 문맹이라고 하면 동남아시아 혹은 아프리카 국가들을 떠올릴 수 있는데 결코 남의 나라 이야기가 아니다. 우리나라가 직면한 절박하면서도 국가 자존심이 걸린 문제다. 거듭 강조하지만, 오늘날의 문해 교육은 글을 읽고 쓸 줄 알면서 글자에 눈을 뜬 개안(開眼) 수준이 아니라 문장을 읽고 정확히 이해하는 능력을 기르는 것이다.

　　한국인의 문해력이 낮은 이유는 무엇일까? 한자 교육을 게을리한 탓이라는 주장도 적절한 이유는 아닌 것 같다. 한자 교육을 의무적으로 받았던 세대가 그렇지 않았던 세대에 비교해 문해력이 낮기 때문이다.

가장 설득력 있는 이유는 책을 읽지 않은 탓이다. 스마트폰과 같은 디지털기기의 일상화가 책을 읽지 않는 큰 원인으로 국민의 90% 이상이 스마트폰을 통해 지식이나 정보를 습득한 것으로 나타났다. UN 통계에 따르면 2015년 한국인의 독서량은 192개국 중 166위였다. 성인의 25%는 1년에 단 한 권의 책도 읽지 않았다. 2017년 발표한 OECD 국가별 성인 1인당 월간 독서량 통계에 따르면, 한국인의 한 달 평균 독서량은 0.8권으로 미국 6.6권, 일본 6.1권, 프랑스 5.9권, 중국 2.6권 등에 비하면 크게 낮은 수준이다. 병인양요(1866년) 때 강화도를 침략한 프랑스의 병사가 "조선과 같은 먼 극동의 나라에서 우리가 경탄하지 않을 수 없는 것은 몹시 가난한 사람들의 집에도 책이 있다는 사실이며, 이것은 선진국이라고 자부하는 우리의 자존심마저 겸연쩍게 만든다"라고 기록한 사실을 생각하면 격세지감(隔世之感)도 이만저만이 아니다.

매년 11월이면 평택시의 평생학습관에서 주최하는 〈노인 문해 학교 시화전〉에 출품된 작품을 심사하러 간다. 배움의 때를 놓쳐 늦깎이로 공부를 시작한 할머니와 할아버지들이 지역의 평생교육 기관에서 배우고 익힌 한글로 시를 쓰고 그림을 그려 출품한다. 초급, 중급, 고급으로 나눠 심사하는데 책상 위에 펼쳐 놓은 시화(詩畵)에 발이 멈추고 눈이 가는 곳은 초급 제출자의 글이다. 중급 이상의 글은 매끄럽고 글씨체도 세련되었지만 뭔가 기교가 섞여 감동이 덜하다. 자기 생각을 있는 그대로 진솔하게 표현하면서 자신의 삶을 조명한 초급의 글에 감동이 더 크다. 70여 년을 살아온 그들의 삶 자체가 시인데 특별한 기교가 필요하지 않았을 것이다. 그동안 글을 몰라 그들의 삶을 표현하지 못하고 한(恨)을 품고 살아왔을 것을 생각하면 눈시울이 붉어진다. 저자의 심금을 울렸던 글을 소개한다.

〈배우니까 살맛 난다〉
집안이 너무 어려워 글자를 배우지 못했다.
차라리 고아원에 보내졌더라면
한글을 배울 수 있지 않았을까 하는 생각을 많이 했다.
학교만 오면 나는 살아있다는 게 느껴진다.
학교에서는 한마음 한뜻으로
배운다는 것을 안다.
모두가 똑같은 생각이다.
선생님께서 잘 가르쳐 주신 덕분에 많이 좋아지고 있다.
배우니까 살맛난다.

〈배운다는 것은〉
배운다는 것이 이렇게 신기하다.
뭐든지 쓰고 싶다.
자꾸만 쓰고 싶다.
예전에는 시장 가면
꼭 하나씩 빠뜨리고 못 사 왔는데
지금은 쪽지에 적어서 가니까
못 사 올 게 없다.
글씨가 이렇게 신기하다.

〈다시 사는 삶〉

남은 삶이 얼마 남지 않았다는,

가족을 부른 의사 선생님의 말씀에,

그 자리에서 까무러치고 말았다.

눈 떠보니 제일 먼저 남편 얼굴이 보였다.

나한테 기적이 일어난 것이다.

지금도 그때를 생각하면 온몸이 덜덜 떨린다.

지금은 남편과 같이 학교에 간다.

밤새워 숙제한 책 보따리 챙겨주며,

학교 태워다 주고, 끝나면 집에 태워 가고…

남편도 나도 다시 사는 인생이다.

문맹(文盲)이란 한자어 맹(盲)자를 보자. 망할 망(亡)과 눈 목(目)의 합성어다. 눈이 있어도 보지 못하는 까막눈이다. 눈뜬장님이라고도 한다. 긴 세월 글을 모르고 사는 외롭고 한스러운 삶을 살다가 어느 날 글을 깨쳐 글을 쓰는 그들의 손이 얼마나 떨렸을까? 자신의 생각과 자기 모습을 글로 표현하는 것에 대한 내적인 희열은 얼마나 컸을까? 할머니와 할아버지는 자신과 부모와 세상에 대한 원망을 글에 쏟아붓는데 그치지 않고 그것을 희망의 노래로 승화시켰다. 글 속에 연륜이 묻어난다. 그들은 글에서 '배우니까 살맛이 나고, 배우는 것이 신기하고, 배우는 것은 곧 다시 사는 인생이다'라고 했다. 그들이 자기 삶이라는 재료에 문해의 기쁨을 비벼 만든, 평범하지만 진실의 시향을 풍기는 시어(詩語)다. 평생교육의 개념과 의미를 제대로 표현하고 있다.

우리나라 국민의 문해력 수준이 이 정도인 줄 몰랐다. 다시 초심으로 되돌아가 제2의 문맹 퇴치 운동이라도 전개해야 할 때다. 문해력이 낮으면 세대 간 통합은 물론 국가정책을 펼치는 데도 한계가 있다. 경제적으로는 문해력이 곧 노동의 질이고 생존 능력이다. 문해력을 향상하는 것이야말로 최고의 복지다.

조선의 세종은 진정으로 백성을 사랑한 군주요 문맹 퇴치 운동의 선구자다. 그는 훈민정음을 창제하게 된 이유를 이렇게 밝힌다. "나라의 말이 중국과 달라 문자(한자)로 서로 소통이 되지 않는다. 어리석은 백성들은 말하고 싶은 것이 있어도 제 뜻을 제대로 전달하지 못한다. 이를 불쌍하게 생각하여 새로 스물여덟 자를 만들게 되었으니, 백성들이 쉽게 익혀 매일 사용하는 데 편안하게 해주고 싶다." 훈민정음 창제의 핵심은 백성들이 쉬운 말을 사용하여 소통을 원활하게 하는 것이다. 요즘 식으로 말하면 세종은 백성의 문해력을 높일 목적으로 한글을 창제했다.

'말귀를 못 알아듣는다'라는 속담이 있다. 말귀는 '말이 뜻하는 내용'이다. 이 속담은 말이 뜻하는 정확한 내용을 이해하지 못하는 것을 비유할 때 흔히 사용한다. 그동안 우리 사회는 문해율을 높이는 데만 관심이 높지 않았나 싶다. 정작 중요한 것은 문해력이다. 저자 자신도 미디어 리터러시, 디지털 문해력 등에서는 문맹일지도 모른다. 괜히 아는 척, 잘난 척하지 말아야 한다. 낮고 열린 자세로 항상 배운다는 평생 학습자가 되어야 한다.

📖 쥐베르 · 마르탱. (2010).《프랑스 군인 쥐베르가 기록한 병인양요》. 유소연 옮김. 파주: 살림출판사

안진용. (2022).《문화일보》.〈'심심한 사과·금일·고지식' 뜻 모르는 MZ세대 … 문해력 부족 '심각'〉. 8월 29일.

정희진. (2021).《한겨레》.〈[정희진의 융합] 문해력 '최하위' 한국〉. 5월 11일.

리콴유(李光耀)

싱가포르의 국부(國父)

20세기 후반 해외 언론에서는 정치 · 경제적으로 '아시아의 네 마리 작은 용'이라는 용어를 자주 사용했다. 아시아에서 일본 다음으로 근대화에 성공하고, 제2차 세계대전 이후 경제가 급속도로 성장한 동아시아의 네 국가, 즉 한국, 대만, 싱가포르, 홍콩을 지칭하는 말이다. 네 국가의 경이적인 경제성장의 원인은 무엇이었을까? 연구자들은 아시아 4개국의 경제성장 요인을 유교적 가치에서 찾고 유교 자본주의(Confucian Capitalism)라는 개념으로 설명하고자 하였다. 즉, 기독교 윤리에 바탕을 둔 서양 자본주의와는 달리, 유교 사상에 근간을 둔 동양의 자본주의라는 의미로서의 '유교 자본주의'라는 신조어를 만들었다.

저자는 네 마리의 작은 용 중 싱가포르에 주목한다(이 작은 용은 이제 큰 용이 되었다). 대만은 G2 국가로 부상한 중국이 '하나의 중국 원칙(One-China policy)', 즉 중국과 대만, 홍콩, 마카오는 나뉠 수 없는 하나이고 따라서 합법적인 중국의 정부는 오직 하나라는 원칙을 강력하게 주장함에 따라 국제적인 위상이 제한적이다. 홍콩은 1997년 중국에 반환, 편입되어 중국으로 봐야 한다. 남은 국가는 우리나라와 싱가포르인데 싱가포르가 어떻게 오늘의 부(富)와 번영을 이룩했는가에 원인을 따져보는 것은 유익한 교훈이 될 것이다.

싱가포르를 떠올리면 경이로운 점이 한두 가지 아니다. 싱가포르의 국토 면적은 서울보다 약간 넓지만 인구는 6백만 명이 채 되지 않는 도시국가다. 이 도시국가의 1인당 국내총생산(2022년 기준)이 8만 3천 달러 정도다. 중동의 아랍 국가들처럼 석유가 펑펑 쏟아져 석유 자본으로 이룬 경제성장이 아니다. 더 놀라운 점은 국제투명성기구(Transparency International)가 발표하는 국가 부패지수에서 가장 투명한 국가로 이름을 올렸다. 혹자는 싱가포르가 "아테네 이후 가장 놀라운 도시국가를 만들어 냈다"라며 한껏 치켜세운다. 최고의 도시국가 싱가포르를 이끈 지도력의 요체는 무엇일까? 싱가포르의 국부(國父)로 추앙받는 리콴유(李光耀, 1923~2015)를 언급하지 않을 수 없을 것이다.

싱가포르는 1959년 영국으로부터 독립하여 인민행동당(PAP)이 정권을 잡고 리콴유가 초대 총리로 선출되었다. 영연방 자치령 싱가포르 총리다. 1963년 싱가포르가 말레이연방에 편입된 후에 리콴유는 말레이연방 싱가포르 주 정부 총리가 되었다. 그리고 2년 후인 1965년 싱가포르가 말레이연방에서 독립하면서 싱가포르 총리가 되었다. 말레이연방에서 독립되었다는 표현보다는 말레이연방에서 축출되었다고 보아야 할 것이다. 독립 당시의 상황을 리콴유는 자서전에서 이렇게 표현했다. "말레이 이슬람교의 풍습에 따르면, 남편이 아내와 이혼하고 싶을 때는 그저 '탈락(Talak, '이혼하자'는 뜻)'하고 말해 버리면 된다. 물론 부인에게는 그럴 권리가 없다. 남자 쪽에서 원하면 이혼 후에도 얼마든지 재결

합할 수 있지만, '탈락', '탈락', '탈락'하고 세 번 말하면 재결합도 불가능하다. 상하 양원이 세 번의 본회의를 거쳐 개정안을 통과시킨 것은, 말레이시아가 싱가포르와 영원히 결별하기 위해 '탈락'을 세 번 선언한 것과 다름없었다." 리콴유는 말레이시아를 남편에, 싱가포르를 아내에 비유했다. 싱가포르는 원치 않은 이혼을 일방적으로 당했다. 정권을 쥔 말레이인의 입장에서는 중국인이 다수의 인구를 차지하는 싱가포르와의 관계가 불편했을 것이다. 말레이연방이 싱가포르를 축출한 사건은 오늘날 다민족, 다문화사회에서 중요한 교훈을 제공한다.

독립 국가 싱가포르의 총리가 된 리콴유는 국가를 설계하고 이를 실행에 옮겼다. 리콴유는 31년간 총리직을 수행하며 싱가포르 번영의 초석을 닦았다. 리콴유 총리는 서구식 자유민주주의를 따르지는 않았지만, 경제 분야에는 철저히 자유를 부여해 개방성과 다양성을 갖춘 국가 구조를 설계했다. 실용성을 갖춘 정부 조직, 기업 친화적인 조세·고용제도, 영어를 기반으로 한 이중언어정책, 항만·공항을 토대로 쌓은 물류 시스템 등으로 싱가포르를 '기업 국가'로 부상시켰다. 싱가포르 법인 세율은 17%(단일 세율)로 전 세계적으로 낮은 수준이고, 산업군·투자 금액·고용 창출 규모 등을 고려해 5년 동안 면제 혹은 5∼10%로 감면해 주기도 한다. 양도소득세와 상속·증여세도 없다.

리콴유 총리를 우리나라의 이승만 대통령과 박정희 대통령의 장점만을 지닌 지도자라고 말하는 사람도 있다. 이승만 대통령이 한미방위 조약을 통해 미국으로부터 군사, 경제 원조를 보장받은 것과 박정희 대통령이 경제발전을 비약적으로 이끌었다는 점을 리콴유 총리와 연결하는 것 같다. 하지만 저자는 리콴유 총리가 두 전직 대통령의 장점만을 소유하고 있다고 생각하지 않는다. 핀셋으로 골라내듯이 누군가의 장점만을 지닐 수는 없다. 장단점은 긴밀히 연결되어 있다. 박정희 대통령과 리콴유 총리의 공통점을 굳이 찾는다면 개발 독재의 권위주의적 장기 통치라고 말할 수 있을 것이다. 리콴유식 장기 독재정치와 권위주의 문화도 싱가포르의 번영 속에 묻혀버렸을 뿐이다. 리콴유 총리는 공개적으로 서구민주주의가 최고의 정치체제라고 말할 수 없으며, 아시아엔 독특한 가치가 있고 현실적으로 개발 독재와 같은 권위주의적 통치 체제가 효과적이라고 말했다. 효과를 위해서는 수단, 방법을 가리지 않겠다는 발상이다.

저자는 싱가포르의 국부로 추앙받는 리콴유 총리가 싱가포르와 싱가포르 국민에게 남긴 유산을 두 가지로 평가하고 싶다. 첫째, 그는 싱가포르의 정체성을 다인종주의로 규정하고 "어떤 인종과 민족도 더 우월하지 않으며 싱가포르 국민으로서 동등한 권리를 갖는다"라는 점을 강조했다. 싱가포르는 중국계가 다수를 이루고 있으며, 말레이계와 인도계가 소수 인종인 국가다. 싱가포르 발전의 토대는 국가의 정체성을 다인종, 다문화로 명확히 규정하고 모든 인종에게 동등한 기회와 권리를 보장하는 데 있다. 둘째, 그는 싱가포르를 세계에서 '가장 덜 부패한 국가', 즉 가장 투명한 국가로 만들었다. 싱가포르는 공무원들에게 고소득을 보장한다. 대신 부패조사국 또는 탐오조사국(貪汚調査局, CPIB)이 엄격하게 부정부패를 파헤친다. CPIB는 1960년 싱가포르에서 제정된 《부패방지법》에 의해 설립된 총리 직속의 부패 방지 및 조사기관으로서 부패 척결을 위해 강력한 수사권과 사법권을 부여받았다. 1986년 CPIB가 테칭완 국토개발부 장관이 뇌물을 받은 정황을 보고하자, 리콴유는 공개 조사를 승인했다. 테칭완 장관은 면담을 요청했지만, 리 총리가 "조사가 끝날 때까지 만날 수 없다"라고 답하자 스스로 목숨을 끊었다. 리콴유는 공무원에게 확실한 처우를 해주되 부정부패에 연루되면 확실한 책임을 물었다. 그래서인지 사람들은 리콴유를 민주주의자라고 부르지는 않지만, 반(反)부패 독재자라고 부르는 것을 주저하지 않는다.

저자도 오랫동안 그런 생각을 해왔다. 국가 방위와 국민의 안전을 위해 공권력을 행사하는 집단, 즉 군인, 경찰, 검찰, 소방관 등을 위해서는 확실한 처우를 해주되 그들의 일탈 행위에 대해서는 엄중한 책임을 물어야 한다고 말이다. 처우가 빈약하면 견물생심(見物生心)이 생겨 견리사의(見利思義), 즉 자신에게 이익이 되는 일이 생기면 의(義)를 생각하는 것이 아니라 불의(不義)의 유혹에 넘어가는 견리망의(見利忘義)가 되기 때문이다.

리콴유 총리는 싱가포르 경제를 눈부시게 발전시키고 부패 척결을 달성했다는 점에 대해서는 국내외적으로 높은 평가를 받고 있지만, 그가 결성한 인민행동당의 일당 지배체제에 대해서는 비판을 받고 있다. 그는 언론 통제와 결사의 자유를 제한하는 등 민주주의에 반하는 행동을 했다. 여당에 유리한 선거제도 역시 비판을 받고 있다. 현재의 선거제도 아래에서는 야당이 제 기능을 할 수 없는 구조다. 지역구 선거는 의원 1명을 선출하는 단일선거구 14개, 4~6명의 의원을 선출하는 집단선거구 17개에서 총 93명을 선출한다. 집단선거구는 중국계 외의 소수 종족 후보자가 반드시 포함돼야 하며, 승리한 당이 의석을 모두 차지한다. 득표율과 의석 비율에 큰 편차가 나타난다. 2020년 총선에서 인민행동당은 득표율이 61.2%였으나 의석은 89.2%를 차지하며 93석

중 83석을 점유하며 재집권에 성공했다. 인민행동당은 초대 총리 리콴유가 창당해 1959년 선거 이후 압도적 다수를 차지하며 정권교체 없는 일당 지배체제를 이어 왔다.

어느 국가든지 국부(國父)가 있기 마련이다. 국부는 '나라의 아버지'라는 일차적인 뜻 말고도, '나라를 세우는 데 공로가 많아 국민에게 존경받는 위대한 지도자'를 이르는 말이다. 대한민국의 국부는 있는가? 나라를 세우는 데 공로도 많고 존경받는 지도자는 누구인가? 아니면 국부가 있는데 국민으로부터 인정받지 못하고 있는가? 1인당 국민소득 4만 달러를 내다보는 우리나라는 국부를 놓고 진영 간의 대립과 갈등이 첨예하다. 국부 후보자를 놓고 국민투표라도 해야 할 판국이다. 여태 국부조차 떳떳이 정하지 못하고 갈팡질팡하고 있다. 국부가 없다면 국가의 뿌리가 없는 것과 마찬가지다. 뿌리가 없는데 어떻게 가지를 뻗고 열매를 맺을 것인가? 오늘날 싱가포르의 국가 초석을 놓았던 리콴유 총리를 재조명하면서 국가란 무엇인가와 그 국가 지도자의 덕목에 대해 생각하는 이 시간이 무겁다.

📖 이광요. (1998). 《리콴유 자서전》. 류지호 옮김. 서울: 문학사상사.

모하마드, 마하티르. (2012). 《마하티르》. 정호재 · 김은정 외 옮김. 서울: 동아시아.

윤원현. (2002). 《성리학의 이념과 동아시아 자본주의 경제 발전》. 서울: 한국학술진흥재단.

김규환 · 오상도. (2015). 《서울신문》. 〈[싱가포르 국부 리콴유 사망] "죽거든, 내 집 허물라" … 貧國을 富國 만든 '反부패 독재자'〉. 3월 24일.

김영선. (2020). 《한국경제》. 〈싱가포르 4세대 리더십의 향배〉. 7월 13일.

김현민. (2019). 《아틀라스뉴스》. 〈리콴유 리더십 ① 일본 치하에서 얻은 통찰력〉. 10월 11일.

성유진. (2023). 《조선일보》. 〈"그의 비전에 경의" 제2 전성기 싱가포르, 리콴유를 소환하다〉. 7월 20일.

홍준기. (2023). 《조선일보》. 〈"리콴유가 남긴 다인종주의·반부패 정책이 싱가포르의 힘"〉. 7월 20일.

〈유교, 2500년의 여행 ─ 2부 "의(義), 빠르고 좁은 길"〉. (2007). 다큐멘터리.

지리산 노고단
금성산, 노고단, 천왕봉 그리고 남명 조식

저자의 버킷리스트는 우리나라에서 국립공원으로 지정된 산, 강, 바다에 모두 가보는 것이다. 우선 호남을 둘러싼 국립공원 산에 갈 계획을 세웠다. 자신이 나고 자란 지역부터 가본 다음 다른 지역에 있는 국립공원 산에 갈 계획이다. 국립공원으로 지정된 산에 가는 것은 마음먹는 것만으로는 실행에 옮기기가 쉽지 않다. 국립공원 산에 가는 것은 지리적으로도 접근이 쉽지 않고 시간도 최소 하루 혹은 이틀이 걸린다.

추석 연휴를 이용하여 마을에서 의형제를 맺은 형들과 지리산 노고단에 가기로 의기투합했다. 형들은 일찍이 성삼재 휴게소를 건설하는 토목공사에 참여한 적이 있어 노고단에 가는 길과 주변 상황을 훤히 알고 있었다. 왜 지리산에 가는 데 노고단에 간다는 말을 붙여야 할까? 지리산(智異山)은 높고 험준하고 수많은 봉우리로 구성되어 있다. 지리산은 우리나라 땅의 근골을 이루는 거대한 산줄기, 즉 백두산에서 시작하여 두류산~금강산~설악산~오대산~속리산을 거쳐 지리산까지 이어지는 백두대간의 종착지에 해당한다. 높은 산과 험한 고개가 많은 고산

준령(高山峻嶺)이다. 이 산을 갈 때는 특정 봉우리를 말해야 한다. 천왕봉을 다녀오려면 최소 1박 2일의 품이 필요하다.

지리산은 전라북도 남원시, 전라남도 구례군, 경상남도 산청군·함양군·하동군에 걸쳐 있는 산이다. 우리나라의 산 중 3개 도와 1개 시, 4개 군에 걸쳐 있는 산을 찾아보기란 쉽지 않다. 엄밀히 따지고 보면 지리산의 산세는 유순하나 산역(山域)의 둘레가 800여 리(320여 km)에 달하는 거대한 산이다. 총면적이 440.4㎢이며, 전라남도에 87.9㎢, 전라북도에 107.7㎢, 경상남도에 244.7㎢가 분포한다. 면적으로만 치면 경상남도에 가장 많이 치우쳐 있다. 최고봉인 천왕봉(天王峰, 1,915m)을 중심으로 중봉(1,875m), 하봉(1,781m), 반야봉(般若峰, 1,732m), 싸리봉(1,640m), 칠선봉(七仙峰, 1,576m), 덕평봉(德坪峰, 1,522m), 명선봉(明善峰, 1,586m), 토끼봉(1,534m), 노고단(老姑壇, 1,507m) 등 1,500m가 넘는 높은 봉우리들이 줄줄이 이어진다. 우리나라에서는 한라산(1,950m)에 이어 두 번째로 높지만, 내륙에서는 가장 높은 산이다.

지리산 노고단(老姑壇). 저자는 노고단에 오르는 길목인 성삼재까지는 자동차로 몇 번 가보았다. 갈 때마다 '노고단에 가봐야 하는데' 하는 계획만 세웠다. 그런 노고단에 가게 되었으니 얼마나 감회가 새롭겠는가. 노고단이라는 지명의 유래부터 호기심을 자극했다. 노고단 입구에는 그 유래에 대해 안내하고 있다. "노고단은 천왕봉, 반야봉과 더불어 지리산 3대 봉우리의 하나이며, 옛날에 지리산 신령이 노고(老姑), 즉 산신 할머니를 모시는 곳(단-壇)이라 하여 노고단이라는 이름을 붙였다." 또 신라 시대에는 화랑들이 심신 수련장으로 이용하였고 1920년대에는 선교사들이 풍토병을 치료하기 위해 건물을 짓고 여름을 보냈다고 한다.

노고단의 지명은 할미당에서 유래했다. '할미'는 도교의 국모신(國母神)인 서술성모(西述聖母) 또는 선도성모(仙桃聖母)를 일컫는다. 할미당의 소재지는 시대에 따라 달랐다. 통일신라 시대까지는 천왕봉 기슭에 있었다, 고려 시대에는 현재의 노고단에 모셨다. 조선 시대에는 노고단에서 서쪽 2㎞ 지점에 있는 종석대(鐘石臺, 1,361m) 기슭으로 할미당을 옮겨 산신제를 드렸다. 산이 많은 우리나라는 예로부터 높은 산에서 신령한 기운을 받고자 하는 민간 풍속이 전해져 온다는 사실을 상기하면 지리산은 최적격의 산일 것이다.

지역마다 영험한 기(氣)를 내리는 산이 있기 마련이다. 높은 산이라고 해서 영산으로 치지 않았다. 신령스러운 산의 기준은 산의 높낮이가 아니라 사람들이 얼마나 산과 의식적, 무의식적으로 소통하고 의지하느냐에 달려 있다.

저자가 거주하는 나주의 금성산은 높이가 451m에 불과해도 고려 왕실과 관련이 깊은 신령스러운 산이다. 고려 시대에는 전국에 있는 10개의 신령스러운 산에서 매년 제사를 올렸는데, 충렬왕은 금성산에 정녕공(定寧公)이라는 작호를 내려 제사를 지내게 했다. 이후 금성산은 전국 8대 명산으로 인정받게 되면서 우리나라 최고의 명당이 되었다.

나주 금성산과 나주에 대해서는 여백을 더 할애할 필요가 있다. 나주는 전주와 함께 전라도(全羅道)를 상징하는 지역이 아닌가. 나주의 옛 이름이 금성(錦城)이고 나주의 진산이 금성산(錦城山)이다. 금성산은 사방이 높고 가운데에 고을을 이룬 포곡식(包谷式)이다. 글자 그대로 '계곡을 품어 안은 형세'를 띠고 있다. 금성산은 고려 태조 왕건이 이곳을 배경으로 후백제의 견훤을 견제하였던 난공불락의 산성이었다. 특히 나주는 태조 왕건의 왕위를 이어받은 혜종의 외가로 고려 왕실의 어향(御鄉)으로 불린다. 태조 왕건은 나주를 특별하게 여겨 개경 중앙 정부와 별도 기구인 '나주도대행대(羅州道大行臺)'를 설치하였다. 고려 역대 왕들은 다른 지역보다 나주를 우대하는 정책을 폈다. 지금은 인구 10만 명의 도시에 불과하지만, 먼 옛날에는 오늘날의 특별시에 해당하는 지역이었음을 알 수 있다.

왕건과 나주 오씨와의 러브스토리도 흥미롭다. 911년, 왕건이 후백제 견훤과 싸우기 위해 행군하던 중 목이 말라 우물가(浣紗泉)에서 빨래하던 처녀에게 급히 물을 청했다. 처녀는 바가지에 버드나무 잎을 띄워 물을 주었다. 처녀의 총명함과 미모에 반한 왕건은 처녀의 아버지에게 찾아가 청혼했다. 이 처녀가 태조 왕건의 뒤를 이은 혜종의 어머니 되는 장화왕후이다.

왕건과 버드나무 처녀의 사랑으로 태어난 혜종과 관련해서는 엽기적인 이야기가 전해지고 있다. 왕건이 버드나무잎을 띄워 바친 처녀와 잠자리를 같이 하였지만, 처녀의 가문이 미천한 탓에 임신시키지 않으려고 돗자리에 사정하였다. 처녀는 즉시 이를 자기 몸에 집어넣어 마침내 임신하고 아들을 낳았으니, 그가 바로 혜종(912~945)이다. 혜종은 얼굴에 돗자리 무늬가 새겨 있었는데 세상 사람들은 그를 '주름살 임금'이라 불렀다. 혜종의 출생 비밀에 대해서는 태조 왕건과 그의 왕비가 된 장화황후만이 알 것이다.

산은 높이가 중요한 것이 아니라 산이 위치한 지역에서 역사적으로 어떤 역할을 담당하고 있느냐가 더 중요하다. 다시 노고단으로 돌아가자. 노고단은 지리산의 다른 봉우리를 가기 위한 맛보기 성격이 강했다. 노고단 등산은 성삼재에서 노고단까지 뚫린 평지를 이용하여 돌아서 가는 길이 있는가 하면 몇 군데에 가파른 지름길을 만들어 올라가게 했다.

해발 1,500고지를 생애 처음 발을 디딘 소감은 한마디로 환희와 놀라움이었다. 고지대에서 바라본 초가을의 하늘은 눈이 부셨고 구름은 면화 솜을 가지런히 펴놓은 듯했다. 화랑들이 심신을 단련하고 선교사들이 풍토병을 고치기 위해 하필 왜 이 멀고 높은 이곳을 찾았는지 알 수 있을 것 같다. 노고단에는 둥글게 쌓아놓은 돌탑이 세월의 무게를 견디고 있다. 지리산 신령인 산신 할머니(노고)를 모신 곳임을 알려준다. 노고단에서 바라본 천왕봉과 반야봉은 어서 오라는 손짓을 한다. 저자는 노고단에서 지리산 천왕봉을 바라보며 〈산 시냇가 정자의 기둥에 쓴 시(題德山溪亭柱)〉를 남긴 남명(南冥) 조식(曺植, 1501~1572)을 떠올린다.

보게나! 천 석(石)들이 종을
크게 치지 않으면 소리가 없네
어찌하면 저 지리산처럼
하늘이 울어도 울지 않게 될까?

남명의 시는 지리산의 면적만큼이나 묵직한 울림으로 소용돌이친다. 남명이 지리산을 어떻게 생각하였는지 보여주는 시다. 남명은 어떠한 상황에서도 천석의 종처럼 의연함을 지키고 싶다는 높은 기상과 바위 같이 단단한 의지를 보여준다. 남명에게 지리산은 자신이 일생 좌우명으로 삼았던 의(義)와 경(敬)의 실천을 위한 거울이었다.

사실 저자가 지리산을 유달리 좋아하는 것은 남명 선생 때문이다. 남명은 지리산 숭배자이면서 지리산을 정신적 스승으로 여겼다. 그는 말년에 아예 천왕봉이 바라다 보이는 지리산 기슭에 산천재(山天齋)라는 이름의 거처를 마련하고 후학들을 양성했다. 남명 선생을 존경하는 저자이기에 지리산을 십여 차례나 올랐던 남명을 생각하면 분발 의식이 생긴다. 어쩌면 노고단은 저자에게 자신을 강렬하게 성찰하고 도전 의식을 새롭게 하는 또 하나의 단(壇)이다.

등산로야말로 인문(人文)의 풍부한 소재를 담고 있는 것은 아닐지 싶다. 인문이 추구하는 본질이 인간이 남긴 흔적이요 인간이 그린 무늬라고 한다면, 산을 오르고 내려오는 등산로는 글자 그대로 인문의 발 길이다. 저자는 노고단에 오르고 내려오면서 마치 돌을 쌓아 단을 만들었듯 쉼 없이 인문의 돌들을 차곡차곡 쌓아 인문의 단을 만들겠다는 마음을 먹었다. 인문의 단을 통해 삶의 의미가 더 충만해지고 인문의 향이 더 멀리 퍼져나가길 기대해 본다.

📖   김충렬. (2008). 《남명 조식의 학문과 선비정신》. 서울: 예문서원.

박원식. (2006). 《중앙일보》. 〈지리산 천왕봉과 남명 조식〉. 10월 16일.

송기동 · 서충열. (2018). 《광주일보》. 〈[전라도 1000年 인물열전] ② 고려 2대 왕 혜종〉. 1월 10일.

〈금성산 고성(錦城山 古城)〉. 한국민족문화대백과사전.

〈완사천〉. 나주시청.

〈장화황후와 왕건〉. 국사편찬위원회.

월출산(月出山) 평전
달을 품고 달을 낳는 바위산

다행하게도 본격적인 겨울이 시작되기 전에 호남권에 속하는 5대 국립
공원(지리산, 덕유산, 내장산, 무등산, 월출산)의 등반을 마칠 수 있었다. 계
획했던 목표를 달성하는 것은 성취감과 함께 새로운 목표가 생성된다
는 점에서 의미 있는 일이다.

　월출산(月出山)에서 보고 느끼고 깨달은 감회는 헤아릴 수 없을 정도
로 많지만, 서너 가지로 정리해 보기로 하자. 첫째, 월출산은 달의 생성
지, 안착지, 월출지이다. 월출산은 역사적으로도 월나산(月奈山), 월생산
(月生山)이라 불리며 달을 가장 먼저 맞이하는 곳이다. 왜, 그 많은 산
중에 월출산에서 달이 뜨는가? 단지 산 이름 때문인가? 저자는 월출산
을 등반하고 나서야 비로소 달이 월출산에서 뜨는 이유를 알게 되었다.
월출산은 사방이 바위로 둘러싸여 분지 형태를 이룬 바위산이다. 그 바
위산이 낮에는 달을 품고 있다가 밤이 되면 놓아준다. 마치 어미 닭이
달걀을 품고 있는 것처럼 말이다. 바위산에서 달을 품는 시간은 신성하
여 우측에서는 장군봉이 지키고 좌측은 사자봉이 사악한 무리를 얼씬

거리지 못하게 한다.

바위산 월출산은 산 아래 멀리 떨어진 곳에서 보면 그저 쭉 뻗은 바위가 병풍처럼 둘러쳐 있는 것으로 보인다. 사실 기암괴석이 병풍처럼 서 있는 산은 월출산 말고도 흔하게 찾아볼 수 있다. 그러나 월출산의 기암괴석은 단순하지 않았다. 아예 산 자체가 바위다. 바위가 산이고 산이 곧 바위다. 그래서인지 정상에서 바라본 월출산의 전경은 바위와 바위가 정교하게 접합된 거대한 함지박처럼 느껴졌다. 함지박이 얼마나 큰지 달을 품을 정도다. 월출산과 월악산은 '달'로 연결되어 있다. 월악산은 '달이 뜨면 최고봉 영봉(靈峰, 1,095.3m)에 걸린다'하여 월악이라고 했단다. 월출산에서 뜬 달이 월악산 영봉에 걸리는 것이다.

둘째, 월출산 바위산은 거대한 서고(書庫)들이 들어서 있는 지상 최대의 도서관이다. 사면을 바위 서가(書架)로 만들어 책을 얹어 두거나 꽂아 두었다. 월출산의 '책 바위'는 이곳이 도서관인 것을 알려준다. 서가는 오랜 세월 풍화작용과 절리 현상으로 바위가 갈라지고 그 색깔이 변하긴 했어도 여전히 지상 최대 최고(最古)의 도서관이다. 이 웅대한 서가에 꽂아 둔 책은 어떤 책일까? 천황(天皇)이 세상을 다스리는 데 필요한 경세서와 자연과 우주의 이치를 다룬 클래식이 아닐지 싶다.

셋째, 월출산의 최고봉인 천황봉(天皇峰, 809.8m)은 넓다. 산 정상에 이렇게 넓은 평지가 있는 곳도 드물 것이다. 한꺼번에 300명가량이 앉을 수 있다고 하니 그 규모를 짐작할 수 있다. 천황(天皇)은 천제(天帝)의 아들, 즉 하늘의 뜻을 받아 하늘을 대신하여 천하를 다스리는 사람이라는 뜻이다. 도교(道敎)에서 천황은 옥황상제를 가리킨다. 천황봉은 천제의 아들이 천하를 다스리면서 지역의 대표들을 한곳에 모아 중요한 의사결정을 하는 데 필요한 공간일 것이다. 우리나라의 높고 험한 산의 최고봉은 '천왕봉(天王峰)'이라고 이름하는 경우가 흔하지만, 천황봉이라는 이름의 봉우리는 흔치 않다. 지리산, 무등산, 속리산, 계룡산의 최고봉도 천왕봉으로 부른다('천황봉'은 일제강점기 일본의 천황을 기리는 의미에서 천왕봉으로 개명했다는 주장도 있다). 그래서인지 월출산의 정상인 천황봉에 오르기 위해서는 천황봉에서 약 100m 아래에 있는 통천문(通天門)을 지나야 한다. 통천문은 월출산 최고봉을 지나 하늘로 통하는 높은 문이라는 데서 유래하였다. 통천문은 한 사람이 겨우 지나갈 만한 바위굴로써 천황봉으로 가는 유일한 통로이다. 통천문은 천황봉을 만나기 위한 마지막 관문이라는 의미와 함께 최고봉에 올라 옥황상제를 알현하기가 쉽지 않다는 의미도 내포한다.

넷째, 월출산은 접근이 쉽지 않은 높고 큰 악산(岳山)이다. 산세로만 보면 설악산 뺨친다. 안개라도 끼는 날이면 접근조차 어렵다. 월악산(月岳山)이다. 월악산은 충북과 경북에 소재하는 국립공원이지만, 월출산 역시 산의 지형과 산세를 보면 악산임이 분명하다. 산줄기를 공룡의 등처럼 거칠다고 표현한 사람도 있다. 월출산의 천황봉에 오르기만 하면 월출산이라는 이름은 어디까지나 달(月)을 주제로 하는 낭만적인 이름에 지나지 않는다는 것을 금방 알아차릴 것이다. 물론 천황봉까지 오르는 데는 악산이랄 것도 없지만, 천황봉에서 사자봉을 거쳐 구름다리로 가는 등산로는 웬만큼 등산으로 단련된 등산객도 혀를 내두를 지경이다. 또한, 사면이 바위로 둘러싸인 산세를 바라보면 바위산의 위엄에 압도당하고 만다.

조선의 정치가이자 시인이었던 고산(孤山) 윤선도(尹善道, 1587~1671)

는 월출산에 오른 뒤 〈조무요(朝霧謠)〉라는 시를 남겼다. '아침에 피어오른 안개'를 소재로 그때의 어지러운 정국을 비유하였다. 산과 햇빛은 임금이요, 안개는 임금의 눈과 귀를 가리는 간신배일 것이다.

월출산이 높더니마는 미운 것이 안개로다
천왕제일봉(天王第一峯)을 일시에 가렸다
두어라, 햇빛 퍼진 후면 안개가 아니 걷히랴

〈월간 山〉에서도 우리나라의 3대 악산으로 설악산, 주왕산, 월출산을 꼽는다. 혹자에 따라서는 설악산, 월악산, 치악산을 3대 악산이라고도 하며 5대 악산으로는 설악산, 월악산, 치악산, 주왕산, 월출산을 꼽기도 한다. 기(氣)가 센 산인 월출산이 악산이 되는 것은 자연스러울 것이다. 조선 최고의 인문 지리학자이자 풍수가였던 이중환은 《택리지》에서 월출산을 '화승조천(火乘朝天)'의 지세, 즉 '아침 하늘에 불꽃처럼 내뿜는 기를 지닌 땅'이라고 표현했다. 《동국여지승람》에서는 월출산 정상 구정봉(九井峰) 아래 신령스러운 바위가 떨어질 것 같으면서도 떨어지지 않아 영암(靈巖)이란 지명이 유래했다고 전한다.

저자는 월출산에서 평생 볼 바위를 원 없이 보았다. 사자봉과 구름다리에서 바라본 기암괴석은 거대한 파노라마 영상을 보는 듯 현기증마저 느낄 정도였다. 바위산의 분지에서 품고 낳은 달이 밤이면 밤마다 하늘 높이 치솟아 나를 비춘다고 생각하면 절로 신명이 난다. 월출산 등반을 마치고 뒤돌아 다시 바라보았을 때는 마치 출입이 금지된 영험한 곳을 다녀온 느낌이다. 달을 보는 저자의 마음과 자세는 월출산 등

반 이전과는 판이할 것이다. "달이 뜬다 달이 뜬다/ 둥근 둥근달이 뜬다/ 월출산 천황봉에 보름달이 뜬다." 평범한 썰렁 퀴즈 하나 내보자. 월출산 기(氣)는 어떻게 받는가? 정답은 '입'이다. 바위산을 보노라면 입이 다물어지지 않는 까닭에 기가 입으로 모이는 것이다. 내친김에 월출산과 관련하여 우스갯소리 하나만 더 하자. 영암군수가 되려면 월출산 천황봉을 몇 번이나 올라갔다 와야 할까? 정답은 천 번 이상이다. 월출산의 영험한 기운을 받아야 군수가 된다는 것이다. 실제, 어떤 부군수가 군수를 하고 싶어 월출산을 오르고 또 올랐지만 결국 못했다. 나중에 정상에 간 횟수를 세어보니 천 번에서 한번 부족한 999회였다고 한다.

월출산의 기(氣)를 받고 태어난 역사적 인물이 있다. 신라 시대의 도선국사다. 도선국사는 신라 시대의 고승으로 이름이 알려졌지만, 풍수지리의 대가로 더 유명하다. 도선국사는 비보풍수(裨補風水), 즉 비록 최고의 명당은 아니어도 잘만 가꾸고 쓰면 얼마든지 살기 좋은 터전이 될 수 있다는 풍수 사상을 전파했다. 도선국사는 지리적 조건의 문제점을 능동적으로 보정, 보완하여 어느 땅이나 살기 좋은 환경으로 조성하는 길을 열어 놓았다. 우리나라 사람에게는 여전히 풍수지리가 묫자리, 집터, 사업장 등의 위치 선정에 상당한 영향을 미치고 있다는 점을 고려하면, 도선국사의 비보풍수는 엄청난 위안을 주고 있다. 비보풍수의 개념은 신체의 건강과도 연결된다. 모두가 건강한 신체로 태어나지도 않지만, 건강한 사람도 나이를 먹으면서 쇠약해지는 법이다. 사람들은 허약하거나 허약해지는 신체를 보신하여 건강한 신체를 만드는 노력을 한다. 그 과정에서 몸에 좋다는 약이나 음식을 보충한다. 약이나 음식

을 먹고 마시는 것도 필요하지만 월출산에 올라 기암에서 뿜어져 나오
는 신령한 정기를 품은 달의 기운을 마시면 어떨지 싶다.

📖　최원석. (2004).《법보신문》.〈불교와 풍수 ④ 도선국사의 비보풍수〉. 8
　　　월 10일.
　〈조무요(朝霧謠)〉. 디지털영암문화대전.

부러운 사제
헬렌 켈러와 앤 설리번

사람은 누구를 만나느냐가 매우 중요하다. 혼자 저절로 되는 사람은 없을 것이다. 사람은 누군가를 만나고 그 누군가로부터 영향을 받으며 성장한다. 한자 사람인(人)도 두 사람이 서로 등을 기댄 모양이다. 헬렌 켈러(1880~1968)는 생후 1년 8개월 만에 뇌막염에 걸려 시각과 청력을 잃고 언어장애까지 갖게 된 삼중 장애아였다. 켈러는 앤 설리번(1866~1936)을 만나 세상과 소통하는 법을 배웠다. 영화 〈미라클 워커〉(기적의 일꾼)는 설리번의 켈러에 대한 헌신적인 노력을 보여준다. 영화 장면 중 가장 인상적인 장면은 켈러의 손바닥에 물을 떨어뜨리고 'water'라는 단어를 써주는 방식으로 언어를 익히게 했다. "이 세상에서 가장 아름다운 것은 보이거나 만져질 수 없다. 그것들은 오직 마음속에서 느껴질 것이다"라는 헬렌 켈러의 어록은 설리번으로부터 언어교육을 받으면서 형성되었을 것이다.

인간은 동물을 사육하지만, 인간에 대해서는 교육한다. 설리번은 교사가 왜 '기적의 일꾼'이며, 인간에 대한 사랑이야말로 교육의 알파요

오메가인 것을 잘 보여준다. 오천석은 진정한 의미의 교사가 지녀야 할 사랑을 세 가지 유형으로 구분한다. 첫째, 가르침을 받는 자, 즉 제자에 대한 사랑이다. 사랑은 가르치는 사람과 가르침을 받는 사람과의 마음 사이에 놓이는 다리다. 이 다리를 거쳐야, 한 인격이 다른 인격에 부딪히고 마음의 공감이 일어날 수 있다. 둘째, 하는 일에 대한 사랑이다. 교직(敎職)은 외부로부터 부과된 직업이 아니다. 스스로 선택한 길이요, 양심의 부름을 받아 짊어진 십자가다. 즉, 교직에 대한 소명감으로 스스로 걸머진 짐이다. 사랑이야말로 교직에 대한 정열과 헌신의 원천이다. 셋째, 교사의 사랑은 곧 진리에 대한 사랑이다. 교사는 진리의 영원한 추구자며, 우주와 자연과 세계가 숨기고 있는 비밀의 발견자요, 인간사회의 질서와 개인 행위의 기준이 되는 가치의 탐구자다(오천석, 46-50).

오천석이 말하는 세 가지 유형의 교사 사랑은 마르틴 부버(1878~1965)가 말하는 '만남(encounter)'의 교육철학과 닮았다. 영어 'encounter'는 예상치 못한 뜻밖의 만남을 의미한다. 부버에게 교육은 교사와 학생 각각의 인격이 서로 만나는 것을 의미하며, 교사와 학생의 참된 관계는 교육 내용에 선행(先行)한다. 훌륭한 교사와 훌륭하지 못한 교사의 구분은 교육 방법에 있는 것이 아니라 교사의 인격에 있다고 보았다(강선보, 213-230). 교육전문가들은 오늘날 학교 위기의 근원은 교사를 지식전달자로, 학생을 지식을 수용하는 기계로 수단시하는 것에서 비롯된다고 지적한다. 사랑으로 가르치는 교사의 인격과 사랑으로 감화되는 학생의 인격이 서로 만날 때 교육적 상호작용이 일어날 것이다.

학생은 교사의 인격적인 사랑을 확인하게 되면 공부를 자연스럽게 하게 된다. 저자 자신이 실제 경험을 했다. 저자도 초등학교 4학년까지는 학교에 가지 않고 이른바 땡땡이를 쳤다. 그때에는 학생 수가 많아 콩나물 교실에 수업도 1부, 2부로 진행하는 경우가 많았는데 반에서 한두 명 빠진다고 해서 눈에 잘 띄지도 않았고 학습부진아에 대한 대책도 없는 시절이었다. 저자에게 학교는 공포와 두려움의 대상이었다. 기본적으로 읽고, 쓰고, 셈하는 3R's를 잘하지 못하니 학교생활에 도무지 흥미가 생기지 않았다. 방과 후 화장실 청소를 하거나 복도에서 벌을 받는 경우가 태반이었다. 친구들에게 놀림을 받는 것도 어느 정도였다. 또 저자가 원인이 되어 반 전체가 벌을 받는 것도 견디기 어려웠다. 군대 용어로 고문관이었다.

5학년 1학기 자연 과목 시간에 처음으로 선생님으로부터 칭찬을 받았다. 물고기 구조를 묻는 말에 친구들이 답을 하지 못해 저자에게까지 차례가 왔고 알아맞혔다. 자신감이 바닥이었던 저자는 얼굴이 홍시처럼 붉어졌고 목소리는 모깃소리보다 작았다. 학교에 가는 대신, 냇가에서 고기 잡으면서 시간을 보냈으니 물고기에 관한 한 박사급이었다. 그때 터득한 물고기 잡는 기술을 강의 시간에 풀어 이야기한다. 별명도 어신(魚神)이다. 학교에 입학하여 처음 선생님으로부터 칭찬을 받았는데 집으로 어떻게 갔는지 모를 정도였다. 몸이 구름을 탄 듯했다. '칭찬은 고래도 춤을 추게 한다'라는 말을 믿는다. 담임선생님이 저자에게 보여준 관심과 사랑을 확인한 것은 최고의 학습 동기로 작용했다. 선생님에게 사랑받고 싶어서 칭찬을 듣고 싶어서 공부를 더 하게 되었다.

저자 역시 교육자로서 설리번에 대해 경외감을 느낀다. 그녀 자신도 한때 시각장애인이었다. 그녀는 다섯 살 때 트라코마 바이러스에 감염

되어 눈 수술을 받았다. 수술 결과가 좋지 않았고 그녀의 시력은 완전히 회복되지 않았다. 다행하게도 그녀는 시각장애인 학교 재학 중에 재수술을 받아 시력을 회복하였다. 장애를 겪은 선험자로서 설리번은 켈러가 어떻게 장애를 극복하고 그를 어떻게 이끌어야 할지에 대해 그 누구보다 잘 알고 있었을 것이다. 동병상련(同病相憐)이고 이심전심(以心傳心)이다. 설리번과 헬렌이 오늘날 부러운 사제(師弟)의 본보기가 된 것은, 설리번이 삼중 장애아 헬렌을 온전한 인격체로 대했고 헬렌의 잠든 영혼을 일깨워 주었기 때문일 것이다. 교육의 본질은 영혼과 영혼의 접합이며, 인격과 인격의 만남이라는 부버의 교육철학을 되새긴다.

📖 강선보. (2018). 《마르틴 부버 만남의 교육철학》. 서울: 박영스토리.
오천석. (1996). 《스승》. 서울: 배영사.
Garrett, Leslie. (2004). *Helen Keller*. NY, New York: DK Publishing, Inc.
〈미라클 워커〉. (1962). 영화.

가을(秋)
우리의 삶이란 땅을 옥토(沃土)로 바꾸는 시간

불볕더위와 장마가 유별났던 여름을 보내고 맞이하는 가을이 반갑다. 가을은 여름과 겨울의 완충지대 역할을 하는 절기다. 여름 다음에 곧바로 겨울로 가지 않고 여름과 겨울 사이에 가을이란 완충지대가 있어 얼마나 다행인 줄 모르겠다. 기후변화로 가을이 간절기 대우를 받고 있지만, 엄연히 사계절 중 하나이다. 우리가 겨울을 맞이하기 위한 가을이라는 준비 기간을 갖지 않고 곧바로 추운 겨울로 간다면 큰 기온차를 감당하기 힘들 것이다.

가을은 사계절 중 세 번째 계절을 뜻하는 명사지만, 사전적인 의미도 시선을 끈다. '가을하다'라는 동사가 있다. "벼나 보리 따위의 농작물을 거두어들이다"라는 의미다. 괜히 가을을 수확의 계절이라고 부르는 것이 아닐 것이다. 가을 자체가 곧 '수확하는 일'이요 글자 그대로 '가을걷이'다. 가을걷이 때에는 일이 많은 농촌에서 누구나 바쁘게 움직이고 일손을 거들게 됨을 비유하는 속담도 흥미롭다. '가을에는 부지깽이도 덤벙인다.' '가을철에는 죽은 송장도 꿈지럭한다.' '가을에는 대부인 마누라도 나무 신짝 가지고 나온다.' 부지깽이와 죽은 송장조차도 살아 움직이며 바쁜 일손을 돕고 안방에 있어야 할 고관대작의 부인도 들녘으로 나온다고 한다.

박노해 시인은 〈내 인생의 모든 계절〉에서 사계절의 의미를 시적으로 풀어놓았다. 저자는 이 시를 음미하며 일 년 사계절의 의미를 좀 더 일찍 알았더라면 계절을 맞이하고 보내는 마음이 달라졌을 것이라는 생각을 했다. 음미해 보기로 하자.

봄은 볼 게 많아서 봄
보이지 않는 것을 미리 보는 봄

여름은 열 게 많아서 여름
안팎으로 시원히 문을 여는 여름

가을은 갈 게 많아서 가을
씨앗 하나만 품고 다 가시라는 가을

겨울은 겨우 살아서 겨울
벌거벗은 힘으로 근본을 키우는 겨울

그러니 내 인생의 모든 계절이 좋았다
내 인생의 힘든 날들이 다 희망이었다

저자의 시선을 사로잡는 문장은 "가을은 갈 게 많아서 가을/ 씨앗 하나만 품고 다 가시라는 가을"이다. 시인은 사전적 의미를 건너뛰고 삼라만상의 질서를 압축하여 쉽게 옮겨놓았다. 시의 위대성이다. 이 문장은 가을을 수확의 계절로만 단정 짓고 있던 저자의 정수리를 여지없이 내리쳤다. 시인은 가을은 생명의 영속성을 위해 씨앗 하나만을 남겨두고 모두 보내주는 때라고 읊고 있다. 시인은 인간 중심의 사고에서 벗어나 자연의 섭리에 기초한 사고를 보여준다. 사전을 인용하며 규범적인 사고를 하는 것은 우리의 잠재성이 풍부한 사고의 확장을 제한할 수 있음을 알 수 있다.

으레 가을을 압축적으로 표현하는 말 중에 천고마비(天高馬肥)가 있다. 글자 그대로 '하늘은 높고 말이 살찐다'라는 의미이니 가을 정경을 잘 표현한 것이리라. 생활하기 안성맞춤인 날씨에 먹거리도 풍성한 최상의 절기를 나타낸다. 그러나 본래 뜻은 무섭고 섬뜩할 정도다. '북방의 흉노족이 키운 말들이 잔뜩 살쪘으니, 이제 곧 그들이 쳐들어와 식량과 가축을 노략질해 갈 것이다.' 중국 역사에서 천고마비는 북방 흉노족의 침략을 경계하라는 의미를 담고 있다. 전국시대를 통일한 진(秦) 시황도 흉노를 두려워 만리장성을 쌓았다. 심지어 중국 한 고조(유방)는 "만리장성 북쪽으로 활을 쏘는 나라는 흉노 왕(선우)에게 명령받고, 장성 안쪽의 나라는 짐이 통치한다"라는 조칙을 발표했으며, 황실의 공주를 선우에게 시집보내고 해마다 일정량의 무명, 비단, 술, 쌀 등과 같은 식품을 보내 형제의 나라가 될 것을 약속했다(사마천, 264-265). 한나라와 흉노와의 관계는 중국식 사대 외교의 단면을 보여준다.

이왕 말이 나왔으니, 흉노족에 대해 조금 더 살펴보자. 흉노족은 중앙아시아 스텝 지방에서 나타난 몽골계 기마민족으로 중국에서는 '흉노'족으로 유럽에서는 '훈'족으로 불렸다. 유럽에서 '훈'은 욕의 의미로도 사용하는데, '훈족이 문 앞에 와 있다'라는 말만 들어도 두려움에 몸을 떨어야 했다. 황화(黃禍, yellow peril), 즉 '백인종에게 위협이 되는 황인종'의 등장이다. 프랑스인들은 제2차 세계대전의 원흉 히틀러 나치를 '20세기 훈족'이라 부를 정도로 유럽인들에게 훈족은 증오와 멸시의 대상이었다. 그들이 기마민족답게 빠른 기동성과 엄청난 파괴력으로 유럽인들을 공포에 떨게 했다는 방증이다.

흉노는 중앙아시아, 서북인도, 동유럽까지 진출하는 대제국을 건설했다. 훈 제국은 흉노의 후예가 유럽에 세운 나라이다. 유럽의 헝가리(Hungary)는 훈족이 세운 국가라는 주장도 있다. 물론 헝가리는 자기 조상이 마자르족이라고 강조하면서 아시아계 훈족이라는 주장을 받아들이지 않는다. 국가의 기원과 정체성에 큰 혼란을 가져올 것이기 때문이다. 2005년에는 훈족의 후예라고 주장하는 헝가리인들이 헝가리 정부 인권위원회에 자신들을 법정 소수민족으로 인정해 달라고 요구해 국제적인 관심을 끌었다. 유럽의 많은 역사학자는 오늘날 헝가리인이 훈족의 후예라고 주장한다. 9세기경 헝가리를 세운 마자르족과 5세기부터 이 지방에서 살고 있던 훈족이 섞였다는 것이다. 유전적으로도 유럽 훈족과 중국 흉노족은 유전적으로 관련이 있음이 밝혀졌다(윤신영, 2018). 그러나 2023년 7월, 빅토르 오르반 헝가리 총리는 연설에서 "유럽이 혼혈이라는 주장은 국제주의 좌파의 이데올로기적 속임수다. 우리 헝가리인들은 혼혈이 되고 싶지 않다. 유럽과 비유럽 인종이 섞인 나라는 더는 국가가 아니다"라고 주장했다. 손바닥으로 하늘을 가리는 말이다. 일국의 총리가 국가의 기원과 정체성을 노골적으로 부정하는 매우 위험한 인종주의적 발언이 아닐 수 없다.

신라 문무왕의 비(碑)에도 흉노족과 관련지어 흥미로운 내용을 담고 있다. 신라의 김 씨 왕족은 흉노 출신이라고 주장하고, 흉노의 왕이 금(金)으로 사람을 만들어 하늘에 제사하는 풍습을 보고 김(金)씨 성(姓)을 하사하였다고 한다. 이 주장에 대해 논란이 있어서인지 우리 역사에서는 다루지 않는 것 같다. 흉노족이 한반도를 비롯하여 중앙아시아, 유럽에 이르기까지 당시 전 세계에 걸쳐 엄청난 영향력을 행사했음을 확인할 수 있다. 이쯤 해서 섬뜩하고 무서운 중국 북방 흉노족이 세계 역사에 끼친 영향에 대해서는 거둬들이자. 천고마비. 지금은 그 본래 뜻은 사라지고 가을의 풍요로움을 일컫는 말로 쓰이고 있지만, 겉뜻과 속뜻의 차이를 알고 써야 한다. 가을을 의미하는 수많은 말 중에 굳이 중국 역사에서 유래하는 무서운 의미의 사자성어를 사용할 필요는 없을 것이다.

가을의 이미지는 넉넉함과 풍성함이다. 먹거리가 많으면 사람의 인심도 좋은 법이다. '곳간에서 인심 난다'라고 하지 않던가. 가을은 먹을 것이 많고 감성 또한 풍성한 계절이다 보니 가을을 주제로 하는 시(詩)가 많다. 라이너 마리아 릴케(Rainer Maria Rilke, 1875~1926)의 〈가을날〉을 빼놓을 수 없을 것이다. 전반부만 인용해 보자.

주여, 때가 왔습니다.
여름은 참으로 위대했습니다.
해시계 위에 당신의 그림자를 얹으십시오.
들에다 많은 바람을 놓으십시오.
마지막 과일들을 익게 하시고
하루 이틀만 더 남국의 햇빛을 주시어
그들을 완성해, 마지막 단맛이

짙은 포도주 속에 스미게 하십시오.

릴케의 시어(詩語)는 마치 가을 전어(錢魚)를 연탄불 위에서 구울 때 기름이 좔좔 흐르는 것처럼 서정적 감수성이 넘쳐난다. '여름은 참으로 위대했습니다'라는 말은 절대자가 인간에게 불볕더위로 견디기 힘든 고통을 주셨다는 말을 우회적으로 표현한 것이 아닐지 싶다. 그러면서 릴케는 인간적인 소망을 간절히 구한다. 이제 가을이 되었으니 하늘 아래 생명이 그들의 존재감을 확인할 수 있도록 해주면 좋겠다는 기대를 시적으로 표현하고 있다. 릴케의 시구(詩句)는 인간이 절대자에 대해 어떤 말을 어떻게 표현할 것인가를 적절하게 보여준 사례다. 릴케의 죽음에 대해서는 엇갈린 설이 있지만, 장미와의 연관에 신빙성이 있는 듯하다. 그는 장미 가시에 찔려 패혈증으로 죽었다고 한다.

저자는 릴케가 장미 가시에 찔려 사망했다는 설을 믿는 쪽이다. 사람이 면역력이 떨어지면 날카로운 장미 가시가 아니라 하찮은 상처에도 문제가 생기게 된다. 저자의 부친도 발에 있는 무좀 부위가 문지방에 부딪쳐 상처가 덧나 괴사(壞死)로 이어져 사망에 이르렀다. 장미 가시는 마치 이순신 장군이 거북선을 만들면서 지붕에 꽂아놓은 날카로운 창칼을 닮았다. 울타리에 뻗은 장미를 전지(剪枝)하면서 장미 가시에 찔려보면 그 가시가 얼마나 날카롭고 단단한지 알 수 있다. 장미 시인 릴케가 장미 가시 때문에 죽었다는 사실 여부를 떠나 장미 가시와 그의 죽음에 대한 논란 자체가 그를 신화(神話)로 만드는 데 이바지했다.

우리나라 시인 중에도 가을에 생각나는 시인이 있다. 김현승(1913~1975). 그의 〈가을의 기도〉 역시 가을의 정취를 가득 채우고 있다. 기독교 신앙인인 시인은 가을이 오면 기도와 사랑 그리고 명상의 시간을 가지고 싶어 했나 보다. 사람들이 김현승을 '기도 시인'이라고 부르는 이유다. 김현승의 시어에는 고독한 인간의 고뇌가 묻어난다. 〈가을의 기도〉는 릴케의 〈가을날〉에서 풍기는 시적 감수성과 비슷하다는 느낌을 받는 것은 저자만이 아닐 것이다.

가을에는
기도하게 하소서
낙엽들이 지는 때를 기다려 내게 주신
겸허한 모국어로 나를 채우소서

가을에는
사랑하게 하소서
오직 한 사람을 택하게 하소서
가장 아름다운 열매를 위하여 이 비옥한
시간을 가꾸게 하소서

가을에는
홀로 있게 하소서
나의 영혼
굽이치는 바다와
백합의 골짜기 지나
마른 가지 위에 다다른 까마귀같이

가을에는 누구나 잠재적 시인이 된다. 혹여 눈과 가슴에 담고 있는 느낌과 생각을 언어로 풀어낼 능력이 있는 등단 시인과 잠재적 시인을 비교하는 사람이 있다면 이 가을에 눈치가 없는 사람이다. 그래서 가을에 길을 나설 때는 메모지와 필기도구를 챙겨 갈 일이다. 죽은 송장도 살아 움직이는 계절에 살아있는 사람의 감성 작용이 오죽 활발하겠는가.

한자는 뜻글자로 우수한 문자다. 한자 자체가 삼라만상의 이치를 밝혀준다. 한자 가을 추(秋)만 해도 그렇다. 추(秋)는 벼화(禾)와 불화(火)의 합성어다. 벼화(禾)의 모습을 자세히 보자. 벼는 여름 뙤약볕으로 익고 그렇게 벼가 여물면 고개를 숙이는 모습이다. '벼가 익으면 고개를 숙인다'고 하는 속담이 있지만, 한자 벼화(禾)는 익은 벼가 고개를 숙인 모습을 형상화하고 있다. 물론 모든 곡식이 여물게 되면 고개를 숙이게 된다. 그래서 화(禾)는 벼만이 아니라 모든 곡식을 총칭하는 말이다. 릴케와 김현승의 시도 그렇고, 가을을 관통하는 단어는 겸손이다. 사람이 사회적, 경제적, 인격적으로 여물었는데도 고개를 뻣뻣하게 들고 교만을 떨면 들녘의 곡식만도 못한 것이다.

하늘이 높고 눈이 시리도록 푸른 가을날 교외로 나가 가을 들녘을 바라보자. 노란 벌판이 눈에 들어온다. 황금벌판이다. 올해 저자에게 가을 농촌의 벌판은 유채꽃 단지로 보였다. 매년 보는 황금벌판이지만 노랗게 익은 벼가 유채꽃으로 보이는 것은 처음이다. 여문 벼가 노란색을 띠게 되면 황금색 벌판이라고 말해왔는데, 제주도에서 보았던 유채꽃 단지가 옮겨온 느낌이다. 가을은 비옥(肥沃)한 시간이다. 색깔로는 황금색이고 시간으로는 황금시간대(prime time)다. 황금시간대는 방송이나 라디오의 시청률이나 청취율이 가장 높게 나타나는 시간대인 것처럼,

가을은 우리 삶이 가장 빛나는 시기다. 우리 삶이 그저 빛나는 것은 아닐 것이다. 얼마나 준비했느냐에 따라 그 빛의 강도는 달라질 것이다. 그래서 가을은 우리의 삶이라는 땅을 걸게 하고 기름진 옥토로 바꾸는 배토(培土)의 계절이기도 하다. 무엇보다 가을은 엄동설한을 대비하는 준비의 계절이다. 우리 삶을 북돋는 배토와 어려울 때를 준비하는 유비무환(有備無患)의 정신을 병행한다면, 우리의 삶은 벼가 익어 황금빛으로 빛나는 가을 들녘처럼 윤택하고 풍요로울 것이다.

📖 김종래. (2016). 《유목민 이야기》. 파주: 꿈엔들.

박노해. (2022). 《박노해 시집》. 서울: 느린걸음.

사마천. (BC 91?). 《사기열전》. 김원중 옮김. 서울: 을유문화사.

이어령. (2022). 《뜻으로 읽는 한국어사전》. 파주: 문학사상.

하워스, 패트릭. (2002). 《훈족의 왕 아틸라》. 김훈 옮김. 서울: 가람기획.

《경남일보》. (2005). 〈헝가리 훈족 후예들 "우리를 인정해 달라"〉. 4월 14일.

김석동. (2018). 《인사이트 코리아》. 〈진시황은 '흉노'가 무서워 만리장성 쌓았다〉. 2월 1일.

윤신영. (2018). 《동아사이언스》. 〈유럽 훈족─中 흉노족, 유전적으로 한뿌리〉. 5월 14일.

추인용. (2022). 《중앙일보》. 〈"혼혈있는 나라가 국가냐" 본색 드러낸 총리에 뒤집힌 나라〉. 7월 26일.

정원(庭園)
결핍이 있는 곳에 생명력을……

2023년 순천만 국제 정원 박람회의 관람 인파가 인산인해를 이룬다는 소식이다. 정원(garden)은 히브리어의 'gan'과 'oden' 또는 'eden'의 합성어로써 'gan'은 울타리 또는 둘러싸는 공간이나 둘러싸는 행위를 의미하며, 'oden'은 즐거움이나 기쁨을 의미한다. 사람들은 울타리로 둘러싼 공간, 즉 정원에서 즐거움을 만끽한다. 순천시는 순천만 정원을 찾는 관광객이 최대 천만 명에 이를 것으로 기대한다. 순천시 인구를 많이 잡아 28만 명 정도라고 하면 거주 인구의 수십 배가 넘는 국내외 관광객이 정원에서 기쁨을 누리기 위해 순천을 찾는다고 하겠다.

  인류에게 초창기 정원은 먹거리를 위한 공간이었다. 사람들은 그 공간에서 생존에 필요한 과일, 채소, 치료에 필요한 허브 등을 재배했다. 이어 물을 끌어오는 물레방아 등의 관개(灌漑) 설비를 만들고 동물의 침입으로부터 정원을 보호하기 위해 차단벽과 울타리를 세웠다. 시간이 지나면서 인간은 정원에서 얻는 일용한 양식에 만족하지 않고 정원에 심미적인 요소를 가미하기 시작했다(홉하우스·에드워즈, 2021). 인간이 정원에 제각각의 심미적인 요소를 가미하면서 정원은 인간이 추구하는 이상향이 되지 않았나 싶다. 정원의 규모가 작든 크든 도시에 있든 농촌에 있든 마당이든 아파트의 베란다든 인간은 정원을 통해 자신만의 이상향을 구현하려는 부단한 노력을 기울여 왔다.

마음이 심란하고 머리가 맑지 않을 때는 담양 소쇄원(瀟灑園)에 가보자. 그곳에 가면 옛사람들이 자연을 배경 삼아 어떻게 자신만의 이상적인 심미적 요소를 가미하여 정원을 조성했는지를 알 수 있다. 소쇄원은 조선 중기 양산보(梁山甫, 1503~1557)가 조성한 원림(園林)으로 스승 조광조(趙光祖, 1482~1520)가 기묘사화로 유배를 당하여 죽게 되자 출세에 뜻을 버리고 이곳에서 자연과 더불어 살았다. 소쇄원이라 한 것은 양산보의 호(號)인 소쇄옹(蘇灑翁)에서 비롯되었다고 하지만, 실제 '소쇄'라는 이름은 '물 맑고 깊을 소(瀟)'와 '깨끗하고 산뜻할 쇄(灑)'로 이루어진 단어에서 알 수 있는 것처럼 '맑고 깨끗하고 산뜻한 정원이다'라는 뜻이다. 면앙정(俛仰亭) 송순(宋純, 1493~1583)이 지어준 것이다. 개인이 조성한 원림은 이후 송순, 고경명, 기대승, 임억령, 정철, 김인후, 김윤제, 백광훈, 송익필 등 기라성 같은 호남 유림들이 이곳을 찾아 담론을 펼치던 명소이자, 창작 공간으로 변신하였다.

그러나 세상은 소쇄하게만 놔두지 않는다. 자연의 조화에 인간의 탐욕과 권력 다툼이 끼어들게 되면 피바람이 불게 된다. 기축옥사(己丑獄事). 기축옥사는 1589년(선조 22년) 정여립(鄭汝立, 1546~1589)이 역모를 꾀하였다는 고발을 시작으로 3년여에 걸쳐 그와 관련된 천여 명의 동인계가 피해를 입은 사건이다. 이 옥사에 양산보의 손자들이 연루됐다 (정여립은 원래 서인이었으나 당시 집권세력이던 동인 편에 서서 이이(李珥)와 성혼(成渾)을 배반했다는 비난을 들었다. 심지어 국왕 선조조차도 당적을 옮기는 것에 못마땅했다고 한다. 최근 "천하는 공물인데 어찌 일정한 주인이 있으랴"라고 주장했던 정여립에 대해 '동양 최초의 공화주의자'라고 평가하는 견해도 있다. 전주시에서는 전주 중심부에서 김제 금구로 가는 길목에 정여립로(路)를 조성하였다. 금구는 그의 처가가 있던 곳이다). 이 사건으로 전라도 전체가 반역향 낙인이 찍혀 호남 출신의 정관계 진출이 어려워졌다. 고발에서 열거된 정여립의 역모죄상은 그가 벼슬에서 물러난 뒤에 전주, 진안, 금구 등지를 내왕하면서 무뢰배와 노비 등 신분과 귀천을 따지지 않고 그들과 함께 '대동계(大同契)'라는 단체를 만들어 매월 활쏘기를 익혔다는 것이다. 또 당시 민간에 유포되어 있던 도참설을 이용해 민심을 현혹시킨 뒤, 기축년말에 한양에 쳐들어갈 계획을 세웠다는 것이다. 왕조시대에 역모 사건은 그 진위와는 상관없이 임금의 역린을 건드리는 엄청난 사건이다. 정여립은 자결했지만, 그의 아들 옥남(玉男)은 고문에 못이겨 길삼봉(吉三峯)이 모의 주모자였다고 자백했다. 역모사건은 정여립의 자결과 일부 연루자의 자백으로 사실로 단정되었다.

이때 서인 정철(鄭澈)이 위관(委官, 죄인을 치죄할 때 대신 가운데 임시로 뽑아서 임명하던 재판장)이었는데 그는 당파가 다른 동인들을 엄하게 다스려서 이발(李潑, 1544~1589), 정언신(鄭彦信), 정인홍(鄭仁弘) 등 동인의 지도자급 인물들을 처형 또는 유배형에 처했다(이발은 고산 윤선도의 고모부로 동인 강경파의 영수였다. 정여립을 편들고 친하게 지낸 탓에 옥사에 연루됐다). 기축옥사의 발생 원인에 대해서는 여러 학설이 있지만, 조선 역사에서 가장 끔찍한 무고 사건이었다. 정철은 양산보의 손자 양천회에게 사주하여 이발이 정여립과 연루됐다는 상소를 올리게 했고, 양천경에게는 최영경이 길삼봉이라는 거짓 상소를 올리도록 사주했다. 나중에 길삼봉은 유령의 인물인 것으로 밝혀졌다. 정철, 양천회, 양천경은 지역 연고에서 쌓은 우정을 이용하여 거짓을 진짜로 둔갑시켜 피바람을 더 키웠다. 조상들의 행실은 후대에도 고스란히 전해지기 마련이다. 지금도 정철의 후손인 지실 정씨와 이발의 후손인 광주 이씨 사이는 통혼도 하지 않을 정도로 사이가 좋지 않다고 한다. 또 광주 이씨들은 '송강송강'하면서 무를 벤다고 하는 말이 있을 정도다. 양산보는 스승 조광조가 기묘사화로 죽자 세상에 대한 미련을 버리고 원림을 지어 후세에 전했는데, 그의 자손들은 기축옥사를 더 핏빛의 권력투쟁의 장으로 만드는 데 가세했다.

세속의 욕망이 빚어낸 어두운 역사는 이 정도에서 걷어내자. 소쇄원은 별서정원(別墅庭園)이다. 세속의 이해관계를 벗어나 전원이나 산속 깊숙한 곳에 따로 집을 지어 유유자적한 생활을 즐기려고 만든 정원이다. 선비의 고고한 절개와 의리를 엿볼 수 있다. 자연미와 인공적인 조화가 절묘하게 조화를 이루고 있다. 저자는 소쇄원에 예닐곱 번 가보았지만, 볼 때마다 새로운 멋과 맛을 느낀다. 지난여름에는 자미탄(紫薇灘), 즉 배롱나무 개울물이 폭포수가 되고 그 위에 놓은 다리를 건널 때 만치 피안(彼岸)의 세계로 건너가는 듯했다. 자연과 인공의 조화를 절묘하게 이룬 소쇄원에는 광풍각(光風閣)이라는 누정과 사랑채와 서재가 붙은 제월당(霽月堂)이 있다. "비 갠 뒤 해가 뜨며 부는 청량한 바람과도 같고 밝은 날의 달빛과도 같다."(유홍준, 2016). 이런 자연에 묻히면 심란한 마음은 금세 평온을 되찾을 것이다.

저자는 정원이 '결핍된 공간에 생명력을 선사한다'라는 말을 좋아한다. 궁궐, 사찰 등은 물론이고 우리가 사는 집이나 고층빌딩에 조성된 정원은 뭔가 결핍된 공간을 생명력으로 활기차게 만든다. 그렇게 조성된 정원에서는 시간의 변화와 함께 다양한 종류의 나무와 화초가 존재감을 드러낸다. 정원의 시계는 생명체들의 발아, 개화, 낙화 시간에 맞춰져 있다. 정원을 시간의 예술이라고 부르는 이유다(오경아, 2022). 생텍쥐페리의 《어린 왕자》에서 어린 왕자가 조종사를 보면서 하는 말이다. "사막이 아름다운 건 어딘가에 우물을 숨겨놓았기 때문이다(What makes the desert beautiful that somewhere it hides a well)." 사막을 정원으로 우물을 생명으로 비유하자면, 정원이 아름다운 건 어딘가에 생명이 숨어 있기 때문일 것이다.

교육학 전공자인 저자는 세상의 이치를 교육의 이치로 비유하는 습관이 있다. 저자는 학교를 '학습 정원(learning garden)'이라고 부른다. 정원이 결핍된 곳을 살아있는 공간으로 탈바꿈시키듯, 학교는 배움에 목말라하는 아이들을 변화시키는 학습 정원이나 마찬가지다. 학습 정원의 교사는 정원을 돌보는 정원사다. 정원사에겐 나무와 화초를 관리하고 돌보는 특별한 능력이 있다. 그의 손놀림에 따라 정원의 모습은 달라진다. 정원의 정원사가 하는 일과 학습 정원의 교사가 하는 일은 일맥상통한다.

시인 요시노 히로시(1926~2014)는 〈생명은〉에서 "생명은/ 자기 자신만으로는 완성될 수 없도록/ 만들어져 있는 듯하다./ 꽃도/ 암술과 수술이 갖추어져 있는 것만으로는/ 불충분하며/ 곤충이나 바람이 찾아와/ 암술과 수술을 중매한다./ 생명은 그 안에 결핍을 지니고 있으며/ 그것을 다른 존재로부터 채워 받는다"라고 읊고 있다. 즉, '생명의 본질이란 결핍을 지니고 있다. 그리고 결핍된 부분은 다른 존재로부터 채워 받는 다'라는 것이다. "저절로 되는 것은 없다"라는 말이 있다. 우리가 천성적으로 결핍의 존재라고 인정하는 순간, 개인의 존엄성이 드러나고 겸허함과 배려심이 생기게 될 것이다. 인간 공동체는 곧 결핍공동체와 다르지 않다. 학교 공동체에서 교사는 아이들의 결핍을 채워 반듯한 인격체로 키워내고, 정원사는 정원의 결핍을 채워 생명력이 넘치게 만든다.

인도의 시인으로 노벨문학상을 수상한 라빈드라나드 타고르(1861~1941)는 "잎은 자신이 사랑할 때 꽃이 되고, 꽃은 자신이 섬길 때 열매가 된다"라고 했다. 잎이 꽃이 되고 꽃이 열매가 되는 것은 자연의 이치로 보이지만 전제를 깔고 있다. 사람의 눈에 보이지 않을 뿐이지만 잎과 꽃과 열매는 서로를 사랑하고 섬긴 결과이다.

이런 낙원을 돌보는 정원사라면 아무나 발을 들여놓을 수는 없을 것이다. 정원사는 무엇보다 식물의 타고난 생태와 자연의 질서를 잘 이해하고 있어야 한다. 최고의 정원사는 식물 스스로 잘 살아갈 수 있도록 도와주는 사람이다. 식물의 생김이나 키가 다르고 피는 꽃과 잎도 제각각인데 같은 기준으로 똑같이 성장할 것이라 기대할 수 없다. 어떤 식물은 햇볕을 좋아하고 어떤 식물은 그늘진 응달을 좋아하고 어떤 식물은 물기 없는 흙을 좋아하지만, 어떤 식물은 거의 물속에 담그고 있어야 한다. 제각각 타고난 본성대로 살아갈 수 있게 해 줘야 행복하다(오경아, 2022: 134 재인용).

정원사가 식물을 대하는 것과 학습 정원의 정원사가 아이를 대하는 것은 같아야 한다고 생각한다. 교사는 아이의 타고난 품성과 본성을 이해하고 그들 스스로 성장할 수 있도록 돕는 것이다. 아이의 성장환경이

다르고 생각이 다르고 취향이 다른데 누구에게나 같은 기준을 적용하며 똑같이 성장할 것을 기대하는 것은 맞지 않는다. 어떤 아이는 학교의 교과목 공부하기를 좋아하고 어떤 아이는 운동을, 어떤 아이는 그림 그리는 것을 좋아한다. 아이는 언제 가장 행복할까? 아이가 타고난 본성대로 살아갈 수 있게 해주면 그것이 행복일 것이다.

정원의 가지치기도 교사와 아이의 관계에서 중요한 의미를 선사한다. 가지치기는 식물의 생가지를 잘라내는 일이다. 식물엔 이보다 더 고통스러운 일도 없을 것이다. 식물에도 마취제를 놓고 생가지를 쳐내면 좋겠다는 생각을 해본다. 저자가 잔디를 손질하다 왼손 검지를 다쳤을 때 여섯 바늘을 꿰맸는데 부분 마취를 한 뒤라 전혀 아픔을 느끼지 못했다. 식물의 고통을 생각하여 가지치기를 하지 않으면 다음 해에 신선하고 튼튼한 꽃을 보지 못할 것이다. 고진감래(苦盡甘來), 즉 '고생 끝에 낙이 온다'라는 말은 식물에도 적용된다.

사람은 식물이 튼튼한 가지를 뻗어낼 수 있다는 확신을 두고 생가지를 잘라낸다. 식물의 가지치기는 자라나는 아이의 성품을 바로 잡기 위해 적당한 시기에 조언하거나 훈계하는 것에 비유할 수 있을 것이다. 그러나 사람은 식물을 대하는 것과 사람을 대하는 결이 사뭇 다르다. 사람은 식물에 대해서는 모질게 생가지를 쳐내지만, 사람에 대해서는 모질게 대하지 못한다. 자라나는 아이에 대한 적당한 개입과 훈계가 그 아이의 바람직한 성장을 위해 필요하다는 것을 알면서도 실행에 옮기지 못할 때가 많다. 대신, 사람은 더 많은 세월이 흐른 뒤 스스로 뒤돌아보고 습관이나 행동을 자신의 힘으로 또는 누군가의 힘을 빌려 가지치기하지 못한 것에 대해 후회할 때가 있다. 정원에 심어진 나무와 화초의 생가지를 쳐내며 사람에겐 연약하면서 식물에겐 단호한 인간의 이중성을 보는 듯하여 씁쓸한 마음이다.

정원이 결핍된 곳에 생명력을 부여하며 사람에게 큰 위로와 즐거움을 선사한다고 생각하면, 사람이 정원을 대하는 마음도 달라져야 할 것이다. 무엇보다 정원의 생태계를 공부하고 사람의 방식이 아니라 정원의 생태계 원리에 부합하는 방식으로 정원을 돌봐야겠다고 마음먹는다. 그리고 정원에서 피우는 꽃들에 환호하는 것도 중요하지만, 꽃이 핀 이후의 정원의 회복력과 지속가능성을 위한 사후관리에 더 신경을 쓸 일이다. 정원을 보살피는 일도 수기치인(修己治人)과 맞닿아 있다고 생각한다. 수기치인. 수기(修己)는 내 자신을 수양하는 것이고, 치인(治人)은 남을 다스린다는 뜻이다. 그러나 여기서 '남'을 반드시 사람에 국한하는 것이 아니라 정원의 생명을 포함한다면 너무 비약한 것이 되는가.

📖 류시화. (2012).《사랑하라, 한 번도 상처받지 않은 것처럼》. 서울: 오래된 미래.

문순태. (2015).《소쇄원에서 꿈을 꾸다》. 서울: 오래.

오경아. (2022).《소박한 정원》. 파주: 궁리.

유홍준. (2016).《나의 문화유산답사기 2》. 파주: 창비.

홉하우스, 페넬로페·에드워즈, 앰브라. (2021).《가드닝: 정원의 역사》. 박원순 옮김. 서울: 시공사.

《선조실록》 25권, 선조 24년 8월 13일 을사 2번째 기사.

문순태. (2018).《담양뉴스》.〈창간기념 기획연재(소설)/소쇄원에서 꿈을 꾸다(79)〉. 8월 20일.

〈기축옥사〉. 한국민족문화대백과사전.

〈정원(庭園)〉. 한국민족문화대백과사전.
〈소쇄원〉. 문화재청.

제2부

의(義)_수오지심(羞惡之心)
의롭지 못함을 부끄러워하고,
착하지 못함을 미워하는 마음

조선의 이순신, 영국의 넬슨
같은 듯 다른 두 영웅의 결

저자는 여행을 좋아하는데 뱃멀미가 심한 탓에 배를 이용한 여행을 하지 못해 안타깝게 생각하고 있다. 천성적으로 멀미를 잘하지만, 뱃멀미는 더 심하다. 부산 내륙에서 유람선을 타고 오륙도에 갈 때와 되돌아올 때 겪었던 뱃멀미를 생각하면 지금도 끔찍하다. 심한 구토가 위경련으로 악화되어, 병원응급실에서 치료받고 함께 여행했던 가족들에게도 민폐를 끼쳤다. 뱃멀미하지 않으면 가보고 싶은 곳이 많고 인문학적 아이디어를 발굴하는 데도 많은 도움이 될 텐데 하는 아쉬움이 크다. 뱃멀미는 '세상은 넓고 갈 곳이 많은 세상'에서 저자의 발목을 잡는 아킬레스건이 되었다. 어디 뱃멀미뿐이던가. 대형버스를 오래 타거나 승용차에서 책을 보아도 멀미한다. 이상한 점은 비행기나 기차와 같이 비교적 직선으로 다니는 교통편에서는 멀미하지 않는다는 것이다.

시작부터 멀미 이야기를 꺼내는 것은 이유가 있어서다. 바로 영국의 호레이쇼 넬슨(Horatio Nelson, 1758~1805) 제독에 관한 이야기를 하기 위해서다. 넬슨 제독은 배를 탈 때마다 심한 멀미로 시달렸다고 한다.

그는 만성적인 뱃멀미로 잠을 제대로 자지 못해 신경통과 우울증으로 이어졌다. 평생 배를 타야 하는 해군 장교가 승선할 때마다 뱃멀미한다는 것은 천성적인 체질 탓으로 돌려야 하겠지만 그의 아킬레스건이 되었을 것이다. 넬슨 제독은 열두 살부터 배를 타기 시작했으니 평생 시달렸을 뱃멀미를 생각하면 인간적인 동질감까지 느끼게 된다. 뱃멀미를 해본 사람은 안다. 그것이 얼마나 불편하고 고통스러우며 차라리 지옥이 이보다 나을 것으로 생각할 정도다. 멀미만 멈출 수 있다면 바다로 뛰어들고 싶은 심정이다. 저자는 평소 우리나라의 이순신 장군에 비유되는 넬슨 제독에 관해 관심이 많았는데 인간적인 동질감까지 있어 관심이 더 컸다.

이순신 장군(1545~1598)과 넬슨 제독이 걸어온 길과 그들이 남긴 발자취를 보면 닮은 점도 많지만 그 결은 다르다. 무엇보다 이순신 장군과 넬슨 제독 사이에는 2백 년이 넘는 시차가 있다. 그러나 두 영웅이 해군 지휘관으로서 조국을 위해 헌신하고 희생했다는 점에서는 시공간을 초월한다. 우선 몇 가지의 유사점을 생각해 볼 수 있다.

첫째, 두 사람은 자신의 조국의 명운(命運)이 걸린 누란(累卵)의 위기에서 조국을 구한 영웅들이다. 이순신 장군은 임진왜란(1592~1598) 당시 23전 23승으로 조선의 바다를 지키고 나라를 위기에서 구한 영웅이라는 점에서는 더 말할 필요가 없다. 넬슨 제독은 1805년 트래펄가(Trafalgar)해전에서 프랑스와 스페인 연합함대를 상대로 승리를 거둬 나폴레옹의 정복 야망을 꺾으면서 영국을 지켜냈다. 세계 해전사에 길이 빛나는 대첩들이 있다. 이순신 장군의 한산대첩과 넬슨 제독의 트래펄가대첩도 그 대열에 들어간다. 이순신 장군의 한산대첩이 세계 해전사의 3대 대첩에 들어가느냐, 4대 대첩에 들어가느냐를 놓고 논란이 있지만 이는 유럽 역사에 편향된 사가들의 기록일 뿐이다. 팔은 안으로 굽는 법이다. 한산대첩이 어떤 상황에서 어떤 전략과 전술을 구사하여 승리했는가를 안다면 유럽인들도 입을 다물 수밖에 없을 것이다. 이순신 장군은 전쟁의 승패야말로 병사의 숫자나 함선의 숫자에 달려 있지 않다는 것을 보여주었다. 더욱이 이순신 장군은 명량해전(1597년)에서 불과 13척의 배로 133척의 일본군을 궤멸시키지 않았던가. 일본군의 함선은 조선군 함선보다 10배가 넘었다. 넬슨 제독은 트래펄가해전에서 영국 함대 27척으로 프랑스·스페인 연합함대 33척을 무찔렀다.

둘째, 두 사람은 해상전투 중 적군이 쏜 총탄에 맞았고 숨을 거두는 순간까지 최고 지휘관으로서 품격을 잃지 않았던 영웅이었다. 노량해전(1598년)에서 적군이 쏜 총탄에 맞은 이순신 장군은 "싸움이 급하니 내 죽음을 아직 알리지 말라(戰方急 愼勿言我死)"고 했다. 트래펄가해전에서 적군이 쏜 총탄에 맞은 넬슨 제독 역시 "손수건으로 나의 얼굴을 가려라"고 했다. 전쟁이 진행 중인 상황에서 최고 지휘관의 부상이나 죽음이 알려지면 부하들의 사기와 전황에 악영향을 미칠 수 있다는 생각에서였다. 이순신 장군과 넬슨 제독은 죽음으로써 전쟁의 마침표를 찍었다. 이순신 장군은 일본과의 7년 전쟁에 마침표를 찍었고, 넬슨 제독은 무려 126년간 계속돼 온 영국과 프랑스 사이의 크고 작은 해전에 마침표를 찍었다. 총상을 입은 넬슨은 정신이 혼미한 상태에서 적선 몇 척을 나포했는지 물었다. 부하가 15척을 나포했다고 대답하자 "난 20척을 예상했는데…"라며 아쉬워했다고 한다. 전투가 끝나고 확인한 결과 나포한 적선은 21척이었다. 전신(戰神)답다. 전쟁의 신은 영웅의 주검을 원하고 두 영웅은 전설이 되었다.

　셋째, 두 사람은 그 어떤 국민도 이의를 제기하지 않는 영웅의 신화를 창조하고 후대의 전설이 되었다. 이순신 장군의 동상은 대한민국 수도 서울의 한복판인 광화문 광장에 세워졌다. 동상은 기단 10.5m, 동상 6.5m의 총 17m 높이다. 광화문은 세종로, 태평로가 뚫려 있어 일본의 기운이 강하게 들어오니 이순신 장군 동상을 세워 이를 막을 필요가 있다는 풍수지리 학자들의 의견을 들어 광화문 사거리로 위치가 결정됐다는 주장도 있다. 그러나 저자에겐 이순신 장군 동상은 그가 지켜내고 산화했던 남쪽 바다를 바라보며 조국의 안위를 걱정하는 모습으로 보인다. 넬슨 제독의 동상은 영국의 수도 런던의 트래펄가 광장(Trafalgar Square) 한가운데에 세워졌다. 넬슨 제독의 동상은 55미터 기둥 위에 5m 크기다. 이렇게 높은 곳에 동상을 세운 이유는 "내가 죽어서도 프랑스를 감시할 수 있도록 높은 곳에 올려 달라"는 넬슨 제독의 유언에 따른 것이다. 넬슨 제독의 동상은 전투에서 한쪽 눈과 팔을 잃었던 모습 그대로 재현돼 있다. 광화문 광장에 우뚝 선 이순신 장군 동상이 호시탐탐 한반도를 노리는 일본을 향해 눈을 부릅뜨고 있는 모습과 비슷하다. 넬슨 제독의 동상은 영국과 프랑스의 경계를 이루는 도버해협을 바라본다. 트래펄가 광장을 보면서 한 가지 아쉬운 생각을 피할 수 없다. 영국은 넬슨 제독이 트래펄가해전에서 승리한 것을 기념하여 광장 이름을 아예 트래펄가로 명명했다. 넬슨 제독의 동상은 곧 전승 기념탑이 되었다. 우리도 발상의 전환이 필요할 듯싶다. 왜 처음부터 현재의 광화문 광장을 '노량 광장'이나 '한산 광장' 등 이순신 장군과 직접적으로 연관되고 그의 조국애를 상징할 수 있는 이름으로 짓지 않았느냐 하는 점이다.

넷째, 두 사람은 해전에서 새로운 전법을 고안하여 상대의 허를 찔렀다. 이순신 장군은 한산도에서 학익진(鶴翼陳) 전법으로 함선의 열세를 일거에 만회했다. 이순신 장군은 견내량에서 일본군을 유인하여 한산도에서 조선 수군의 장점인 함포를 이용하여 적을 궤멸시켰다. 일본군에게 해저 괴물 '복카이센'으로 불린 거북선의 성능을 개선하여 적군을 압도했다. 이순신 장군이 지휘하는 조선 수군은 일본군 전선 47척을 침몰시키고, 12척을 나포했다. 조선 수군은 단 한 척의 전선도 피해를 보지 않은 완벽한 승리였다. 구한말 고종 황제의 미국인 고문 호머 헐버트는 "이순신 장군을 영국의 넬슨 제독에 비유하면서 일본군들이 이순신 장군을 몹시 두려워했다"라고 평가했다. 혹자는 이순신 장군이 한산도해전과 명량해전에서 거둔 대첩을 그리스가 페르시아를 상대로 대승을 거둔 살라미스 해전에 비유하기도 한다. 살라미스해전은 기원전 480년 그리스의 연합함대 378척과 페르시아의 제국 함대 1,200척 사이에 벌어진 전투였다. 그리스의 테미스토클레스(Themistocles) 장군은 수적 열세를 극복하고 페르시아 함대를 아테네 넓은 바다에서 살라미스 좁은 해협으로 유인하여 200여 척의 페르시아 함선을 침몰시키거나 나포했다. 이순신 장군은 한산도해전에서 일본군을 견내량 좁은 해협에서 한산도 넓은 바다로 유인하여 격멸했고, 명량해전에서는 일본군을 벽파진 넓은 바다에서 울돌목 좁은 해협으로 유인하여 격멸했다.

넬슨 제독도 전통적인 전투방식을 깬 혁신적인 전법을 사용하여 승리를 거뒀다. 당시 해전의 전투방식은 단종진(單從陣), 즉 모든 군함이 일렬횡대로 길게 늘어서서 대포가 장착된 측면으로 마주 선 적함을 향해 정지된 상태에서 포격을 가하는 방식이었다. 넬슨 제독은 이 전통적인 전투방식을 깼다. 넬슨 제독은 함대 32척을 16척씩 두 줄로 세워 화살처럼 적진을 뚫고 들어가는 작전을 펼쳤다. 이 전법을 '넬슨 터치'라고 부르는데, 이 작전은 일종의 사선진(斜線陣)으로 마치 거북선이 일본군 함선을 종횡무진 격파하며 전진하는 것을 연상시킨다. 넬슨 제독의 함선은 16척씩 두 줄로 세워서 일렬횡대로 늘어선 적 함대의 중간을 뚫고 들어가 선단을 삼등분하였다. 프랑스·스페인 연합군은 영국 전함이 일으킨 파도 탓에 흔들리는 군함에서 적함을 잘 조준하지 못했다. 반면 영국 해군의 능숙한 수병들은 이런 경우를 대비해 평소 파도에 흔들리는 군함에서 포를 조준해 발사하는 훈련을 해왔다. 전투 결과는 놀라웠다. 프랑스·스페인 연합함대 소속 23척의 군함 중 20척이 격침되거나 나포됐다. 영국 함대의 손실은 한 척도 없었다.

다섯째, 두 사람은 부하들의 잠재력을 최대한 끌어내는 데 탁월한 능력을 갖췄다. 부하로부터 존경받는 지도자야말로 부하의 자발적 헌신과 솔선수범을 끌어낼 수 있는 법이다. 이순신 장군은 거북선을 제작할 때도 나대용 등 부하들의 의견을 충분히 경청한 뒤 수용 여부를 판단하고 책임과 권한을 명확히 구분했다. 넬슨 제독 역시 전투 전에 부하들과 치밀하게 계획하고 전투 중에도 상황에 따라 유연한 지도력을 발휘하여 계급을 불문하고 그들의 잠재력을 발휘하게 했다. 두 영웅은 전쟁에서의 승리는 부하들의 지휘관에 대한 신뢰와 그들의 헌신과 희생이 전제되어야 한다는 것을 보여주었다.

이순신 장군과 넬슨 제독을 똑같은 잣대를 들이대고 평가하기 어려운 대목이 있다. 객관적인 사실을 놓고 보면 두 영웅을 비교, 평가한다는 것은 무리가 따를 수밖에 없다. 이순신 장군과 넬슨 제독이 각각 처했던 정치적, 군사적 환경은 엄청난 차이가 있기 때문이다.

이순신 장군은 원래 말을 타고 활과 장검을 휘두르는 육군 장교 출신이다. 이순신 장군은 전라 수군 좌수사로 부임하기 전, 1580년 발포(지금의 전남 고흥군 도화면) 만호(萬戶)에 임명되면서 2년 가까이 수군과 인연을 맺었을 뿐이다. 만호는 조선시대 각 도의 진(鎭)에 배치한 종4품 무관직이다 그리고 이순신 장군이 삼도수군통제사로 재 부임할 때는 조정에서 수군 폐지론이 비등하여 수군의 존재감이 떨어졌던 시기였고 남아 있는 전함은 고작 12척에 불과했다. 어디 그뿐인가. 이순신 장군은 중앙정치의 당파 싸움의 희생양이 되었다. 조국에 충성하고 일본군이 그렇게 두려워하는 이순신 장군에 대한 정당한 평가를 내리기는커녕 모함과 조작으로 끌어내리려고 했다. 더구나 이순신 장군은 중앙 정부의 지원을 기대할 수 없는 환경에서 현지 백성들의 지원을 받거나 자급자족의 형태로 군수품과 군량을 자체 조달해야 했다. 한마디로 조선에서는 이순신 장군에게 제대로 된 지원조차 하지 않으면서 그가 죽기를 각오하고 싸워 쟁취해 낸 승리조차도 제대로 평가하지 않았다.

넬슨 제독의 경우는 이순신 장군과는 판이하였다. 넬슨 제독은 12살부터 삼촌이 지휘하는 함선에서 수병 생활을 해 온 해군 출신이다. 무엇보다 넬슨 제독은 영국 정부로부터 군함, 군량미 등 전쟁 수행에 필수적인 보급과 병참 지원을 받았다. 넬슨 제독은 중앙정치의 당파 싸움이나 병참 등에 대해 걱정하지 않고 오로지 전쟁에 집중할 수가 있었다. 트래펄가해전의 승리는 영국 정부의 전폭적인 지원과 지지, 그리고 넬슨 제독의 전략과 조국애가 빚어낸 대첩이었다.

어떤 국가든지 그 국가를 대표하는 영웅들이 있기 마련이지만, 관점에 따라서는 여러 영웅 중에서 한 명을 선택해야 할 때가 있을 것이다. 우리나라의 이순신 장군과 영국의 넬슨 제독이야말로 우리나라를 대표하고, 영국을 대표하는 영웅으로서 이해하지 못하는 사람은 드물 것이다. 공교롭게도 두 영웅이 남긴 공적과 발자취가 너무나 유사하여 이를 비교해 보는 것도 유의미한 작업이었다고 생각한다. 영국에서는 넬슨 제독을 국가를 대표하는 상징적인 영웅으로 부각하고 있는 것을 보면서, 우리나라도 이순신 장군을 대한민국을 대표하는 영웅으로서 그 가치를 지금보다 더 부각하면 좋겠다고 생각하고 있는데 반가운 사실을 알게 되었다. 해군사관학교 해군 장교 정복 단추에는 거북선이 있다. 충무공 이순신 장군의 후예로서 거북선의 이념을 잊지 않기 위해서라고 한다. 모자와 허리띠에도 거북선이 새겨져 있다. 해군 장교는 몸에 12척의 거북선을 거느리고 다니는 셈이다. "아직도 신에게는 12척의 배가 있습니다"라고 선조에게 상소하면서 조선 수군을 부활시켜 일본군과 싸우겠다는 비장한 각오를 내비쳤던 이순신 장군의 얼과 혼을 품고 있다.

저자에게 우리나라의 이순신 장군과 영국의 넬슨 제독을 단순 비교하라고 하면 1초도 생각하지 않고 이렇게 말할 것이다. "이순신 장군과 넬슨 장군의 공통점은 탁월한 전략가로 조국을 위기에 구한 영웅이다. 그러나 두 영웅의 차이점이 있다면 이순신 장군은 불굴의 용기로 숱한 역경과 고난을 극복한 기술 혁신가이다." 서구 역사가들이나 저술가들이 아무리 이순신 장군을 높이 평가해도 서구 중심의 역사관은 어쩔 수 없을 것이다. 그들에게는 넬슨 제독에 대한 평가가 후할 수밖에 없다.

저자는 이순신 장군에 대한 가장 정확한 평가는 이순신 장군과 직접 싸웠던 당사자의 평가라고 생각한다. 일본 통일을 달성하고 임진왜란을 일으킨 도요토미 히데요시(豊臣秀吉)가 총애했던 와키자카 야스하루(脇坂安治) 장군의 이순신 장군에 대한 평가다. "내가 제일로 두려워하는 사람은 이순신이며, 가장 미운 사람도 이순신이며, 가장 좋아하는 사람도 이순신이며, 가장 흠모하는 사람도 이순신이며, 가장 죽이고 싶은 사람 역시 이순신이며, 가장 차를 함께하고 싶은 이도 바로 이순신이다." 일본 해군 전략연구가 가와다고오(川田功)는 "이순신 장군에게 넬슨 제독과 같은 거국적인 지원과 그만큼 풍부한 무기와 함선을 주었다면, 우리 일본은 하루아침에 점령당하고 말았을 것이다. 대단히 실례인 줄 알지만, 한국인들은 이순신 장군을 성웅(聖雄)이라고 떠받들기만 할 뿐 그분이 진정으로 얼마나 위대한 분인가 하는 것은 우리 일본인보다도 모르고 있는 것 같다"라고 평가했다. 임진왜란 당시 이순신 장군과 대적했던 일본의 장군과 해군 전략가의 평가다. 부끄럽지만 맞는 말이다.

넬슨 제독을 탁월한 전략가로 군신(軍神)으로 추앙하는 영국인의 이순신 장군에 대한 평가는 어떨지 싶다. 영국의 해군 제독을 역임했던 알렉산더 발라드(1862~1948)는 "이순신 장군은 전략적 상황을 널리 파악하고 비상한 해군 전술로 전쟁의 유일한 참 정신, 불굴의 공격원칙에 의해 늘 고무된 통솔원칙을 겸비하였다. 맹렬한 그의 공격은 절대 맹목적 모험이 아니었다. 영국인에게 있어 넬슨 제독과 견줄 수 있는 해군 제독이 있다는 것은 인정하기 힘들겠지만 그렇게 인정을 받아야 할 인물이 있다면, 그는 패배를 전혀 모른 채 전투 중에 전사한 동양의 해군 사령관 이순신 장군일 것이다"라고 평가했다. 영국 해군 제독이 넬슨 제독을 이순신 장군과 동급으로 평가한 것이다. 유럽인이 넬슨 제독과 이순신 장군을 동급으로 놓는다는 것은 곧 이순신 장군을 우위에 놓는다는 뜻으로 해석해도 무방할 것이다. 저자도 팔이 안으로 굽은 것인가.

우리는 말이나 글로써만 이순신 장군을 존경하진 않는지 되돌아볼 일이다. 무엇보다 놓치지 말아야 할 포인트는 매년 이순신 장군 탄생일에 맞춰 와키자카 야스하루의 후손들이 아산 현충사와 통영 충렬사에 참배를 온다고 한다. 이순신 장군과 한반도의 운명을 놓고 싸웠던 일본군 장수의 후세들이 이순신 장군 앞에서 머리를 조아린다. 성공하는 사람은 자기가 원하는 환경을 찾지 못할 경우에는 자기가 그것을 만든다. 이순신 장군의 위대성은 그를 둘러싼 모든 악조건을 극복하고 자기가 원하는 환경을 만들면서 싸웠다. 이순신 장군의 연전연승이 빛나는 이유다. 넬슨 제독과 차별화되는 이순신 장군의 위대성이기도 하다.

📖　김종대. (2022). 《이순신, 하나가 되어 죽을 힘을 다해 싸웠습니다》. 서울: 가디언.

램버트, 앤드루. (2004). 《넬슨》. 박아람 옮김. 서울: 생각의 나무.

이봉수. (2021). 《이순신이 지킨 바다》. 서울: 시주.

헐버트, 호머. (1906). 《대한제국 멸망사》. 신복룡 옮김. 서울: 집문당.

석영달. (2016). "1920년대 초 영국 해군 장교의 일본사 서술 속 이순신 읽기 – 조지 알렉산더 밸러드의 『해양이 일본 정치사에 미친 영향』을 중심으로". 《한일관계사연구》, 통권 55호.

권석하. (2023). 《주간조선》. 〈'작은 거인' 넬슨을 영국인들이 가장 존경하는 이유〉. 7월 14일.

김재중. (2021). 《국민일보》. 〈런던 트라팔가 광장〉. 2월 17일.

정재민·박나영. (2021). 《신동아》. 〈'유럽의 명량대첩' 트라팔가 해전 그 서막〉. 3월 14일.

〈노량〉. (2023). 영화.

〈한산〉. (2022). 영화.

〈한산 리덕스〉. (2022). 영화.

역사의 개펄에서 캐낸 진주
〈고려 · 거란 전쟁〉의 양규(楊規) 장군

역사를 개펄에 비유하면 그 펄은 수많은 영웅과 위인이 등장하는 광활한 공간이 된다. 역사 드라마 〈고려·거란 전쟁〉에서 양규(楊規, 미상~1011) 장군을 그 개펄에서 캐냈다. 저자는 양규 장군을 처음 접했다. 부끄러웠다. 양규 장군을 통해 우리 역사의 자부심을 고양할 수 있었고, 그를 통해 역사의 펄에 숨겨진 인물들을 눈에 불을 켜고 찾는 작업도 게을리하지 말아야겠다고 다짐하게 되었다. 인문학이 인간의 흔적이나 동선을 좇는 작업이라고 할 때, 역사적 인물이 남긴 그 발자취야말로 가장 인문적이지 않겠는가.

　양규 장군. 그는 거란(중국 역사에서 요나라)의 정복자, 야율융서(성종, 재위 982~1031)가 40만 대군을 지휘하며 고려를 2차 침략(1010년)했을 때 종횡무진으로 활약한 영웅이다. 당시 양규 장군은 서북면 도순검사(都巡檢使)로 흥화진(興化鎭, 지금의 평안북도 의주군으로 조선시대에는 백마산성으로 부름)의 수성을 책임지고 있던 장수였다. 도순검사는 '왕이 특별한 임무를 주어 지방에 임시로 보내던 관리'이다. 흥화진은 고려와 거란의 최접경 지역이다. 거란은 40만 대군으로 흥화진을 공격했다. 고려군 3천 명은 압도적으로 우세한 적을 맞아 결사 항전으로 흥화진을 지켜냈다. 양규 장군의 지휘하에 병사와 백성이 일치단결했기 때문이다. 그들은 '죽으려고 하면 살 것이요, 살려고 하면 죽을 것이다(사즉생 생즉사(死卽生 生卽死))'라는 마음으로 똘똘 뭉쳤다. 숫자로만 보면 거란군과 고려군의 비율은 130대 1이 넘는다. 양규 장군은 전쟁은 병사 수로 싸우는 것이 아니라는 것을 입증했다. 거란은 40만 대군으로 3천 명의 고려군이 지키고 있는 흥화진을 공략하지 못해 고려 점령 전략에 엄청난 차질을 빚게 되었다. 거란의 성종은 고려군 총사령관 강조(康兆)의 편지를 위조하여 흥화진의 양규에게 보내 항복하라고 설득하기까지 했다. 양규는 사신에게 "우리는 왕명을 받고 여기에 왔지, 강조의 명령을 받고 와 있는 것은 아니다"라고 잘라 말하면서 끝까지 성을 지켰다.

강조에 대해 잠깐 언급하자. 강조는 제2차 거란의 침략이 있기 전에는 서북면 도순검사로 있었다. 강조는 목종을 폐하고 현종을 옹립하는 정변을 일으켰는데 거란은 바로 강조의 정변을 구실로 고려를 침략했다. 정변 이후 고려의 최고 권력자가 된 강조는 30만 고려군의 총사령관으로 거란군과 대치하다 포로가 되어 참형되었다. 강조의 전략을 보면 임진왜란 당시 신립 장군을 보는 듯하다. 두 장수 모두 험준한 산악 지형을 이용했다면 결과는 달라졌을지 모른다. 신립 장군은 지세가 험준한 조령에 진을 치자는 참모들의 건의를 묵살하고 충주 벌판(탄금대)에서 일본군과 대회전을 치렀는데 조총으로 무장한 일본군에 완패하고 말았다(물론, 신립 장군이 조령에서 일본군을 맞아 싸웠더라도 당시 조선군의 무기와 군사들의 훈련 상태로 보면 승리를 장담할 수 없다는 주장도 있다). 강조 장군은 거란군과의 소규모 전투에서 몇 번 승리를 한 후 거란군을 무시하고 방심하다 그만 대패하였다. 강조 장군이 거란군의 기습에도 불구하고 태연자약하게 막사에서 바둑을 두며 여유를 부리면서 했던 말이다. "입안 음식처럼 적군도 적은 것은 좋지 않다. 많이 들어오게 내버려 두어라."

전쟁에서 상대를 과소평가하거나 지형이나 지세를 충분히 살리지 못할 때, 어떤 결과를 초래하는지는 말할 필요가 없을 것이다. 임진왜란 당시 재상을 지내는 등 전쟁 수행에 중요한 소임을 수행하고《징비록(懲毖錄)》을 남긴 류성룡(1542~1607)과 장군 신립(1546~1592) 사이에 오간 대화를 보자. 1592년 4월 1일에 류성룡이 그를 방문한 신립 장군과 나눈 대화 내용을《징비록》에서 인용했다. 임진왜란 발발 12일 전이다.

> 류성룡: "조만간 변고가 생기면 공께서 맡아 해결해 주셔야 하는데, 공이 보시기에 지금 적들의 형세는 어떻습니까?"
> 신 립: "걱정할 것 없습니다."
> 류성룡: "그렇지 않습니다. 전에는 왜인들이 창과 칼 같은 짧은 무기만 믿고 싸웠지만, 지금은 조총처럼 좋은 무기를 가지고 있으니 가볍게 보아서는 안 됩니다."
> 신 립: "비록 조총이 있다고 한들 어떻게 모두 적중시키겠습니까?"
> 류성룡: "나라가 태평한 지가 오래되어 군사들이 나약해져 있으니, 만일 위급한 일이 생기면 적에 대항하기가 매우 어려울 것입니다. 몇 년이 지나 군사 일에 익숙해지면 사태를 수습할 수 있겠지만 전쟁 초기에는 알 수 없으니, 그 점이 매우 우려됩니다."

조선 중기 전설적인 명장으로 그 용맹을 떨쳤던 신립 장군이 일본군을 얼마나 평가절하하고 있는가를 알 수 있다. 신립 장군은 일본군이 비록 조총이라는 신식무기를 지니고 있어도 조선군에 모두 적중할 수가 없으니 마음 놓아도 된다는 식이다. 신립 장군이 일본군에 대해 갖고 있던 정보 수준과 상대를 무시하는 발언만 놓고 보아도 육지에서 임진년 전쟁은 패배한 것이나 마찬가지라고 할 수 있을 것이다. 고려의 강조 장군이나 조선의 신립 장군 모두 같은 전략적 실수를 범해 전쟁을 그르치고 말았다.

거란은 3천 명의 고려군이 지키는 흥화진을 공략하지 못해 고려 점령이라는 전략적 목표 달성에 차질이 생겼고 대국의 자존심에도 큰 상처를 입었다. 거란의 성종은 40만 명의 군사를 나눠 20만 명은 흥화진 인근에 배치하고, 20만 명은 개경으로 남진하기로 한다. 거란군은 고려 국왕 현종이 남쪽으로 몽진(蒙塵, 한자어를 유심하게 살펴볼 필요가 있다. 글자 그대로 '먼지를 뒤집어쓴다'라는 뜻이다. 임금이 급박한 상황에서 평상시와 같이 길을 깨끗이 한 다음 거동하지 못하고 먼지를 쓰며 피난함을 비유한 말이다)을 떠난 뒤에 개경에 입성했다. 거란군은 고려 국왕이 부재한 개경에 입성했지만, 현종을 생포하여 항복을 받고 고려를 속국으로 만들려는 침략 목표를 달성하지 못했다.

개경을 함락한 거란군은 양규 장군의 악몽에 시달렸다. 양규 장군은 유격전을 펼치며 거란군을 괴롭혔다. 양규는 곽주(郭州)에 주둔하고 있던 거란 수비대 6천 명을 공격하여 성을 탈환하고 성안에 있던 고려인 7천 명을 통주로 이주시켰다. 곽주성의 탈환은 거란군에 엄청난 타격을 주었다. 거란군은 고려 성들을 공략하지 못한 채 유일하게 곽주성과 안주성 두 곳을 뺏어 후방 보급기지로 삼고 있었는데 곽주성을 빼앗긴 것이다. 전쟁 수행 중 보급이 원활하지 못하면 전쟁 수행을 계획대로 할 수 없다. 북쪽의 혹한도 무서웠다. 현종을 생포하려면 전라도 나주까지 뒤쫓아야 하는데 감히 엄두가 나지 않았다. 결국 거란은 철군을 결정하였다.

양규 장군은 철군하는 거란군이 쉽게 돌아가도록 놔두지 않았다. 쉽게 돌아가면 다시 고려를 쉽게 침략할 것이라는 생각에서였다. 양규 장군은 유격전을 펼쳐 수천의 거란군의 목을 베고 포로로 잡힌 3만여 명의 고려인을 구출했다. 양규 장군은 단순히 전투에서 승리하는 것에 목적을 두지 않고 할 수만 있다면 고려인을 구출하기 위해 전력투구했다. 무인으로서 그의 뜨거운 동포애와 조국애를 동시에 엿볼 수 있다.

양규 장군이 흥화진을 방어한 것은 단순히 하나의 성을 지켜냈다는 의미에 그치지 않는다. 양규 장군이 흥화진을 고수함으로써 거란군의 남진 병력을 분산시키고 그들의 후방을 교란하여 고려군이 반격할 여건을 마련했다. 만약 흥화진이 무너지고 거란군 40만 명이 그대로 남진하였다면 고려의 역사는 또 달라졌을지 모른다. 고려·거란전쟁에서 거란의 제1차 침략 때는 서희, 제3차 침략 때는 강감찬에게 집중하다 보니 제2차 침략 때의 양규 장군과 같은 명장이 그 뒤에 가려졌다. 혹자는 '조선에 이순신 장군이 있었다면, 고려에는 양규 장군이 있었다'라고 말한다. 이순신 장군이 12척의 배로 명량해전을 승리로 이끈 것처럼, 양규 장군은 3천의 병사로 40만 거란의 대군을 막아냈으니 과대 포장된 말이 아닐 것이다.

나주까지 피난을 갔다, 개경으로 환궁한 고려 국왕 현종은 양규 장군의 전공을 잊지 않았다. 《고려사》에 실린 양규 장군의 전공에 대한 포상 기록이다.

국왕은 전공으로 양규 장군에게 공부상서(工部尙書)를 추증하였고, 홍씨 부인에게는 곡식을 지급하였으며, 아들 양대춘(楊帶春)은 교서랑(校書郞)으로 임명하였다. 왕은 손수 교서를 지어 홍씨에게 하사하여 이르기를, 그대의 남편은 재능이 장군으로서의 지략을 갖추었고 겸하여 정치의 방법도 알고 있었다. 항상 송죽(松筠)과 같은 절개를 지키다가 끝까지 나라에 충성을 다하였고, 그 충정은 비길 데가 없을 정도로 밤낮으로 헌신하였다. 지난번 북쪽 국경에서 전쟁이 일어나자, 중군(中軍)에서 용맹을 떨치며 군사들을 지휘하니, 그 위세로 전쟁에서 이겼고 원수들을 추격하여 사로잡아 있는 힘을 다해 나라의 강역을 안정시켰다. 한 번 칼을 뽑으면 만인이 다투어 도망가고, 6균(鈞)의 활을 당기면 모든 군대가 항복하였으니, 이로써 성(城)과 진(鎭)이 보존될 수 있었으며, 군사들의 마음은 더욱 굳건해져 여러 차례 승리하였는데 불행하게도 전사하였도다. 뛰어난 공을 항상 기억하여 이미 훈작과 관직을 올렸으나, 다시 전공에 보답할 생각이 간절하므로 더욱 넉넉히 베풀고자 한다. 해마다 그대에게 벼 100석을 하사하되 평생토록 할 것이다.

현대 국가에서도 전몰장병의 헌신과 희생에 대한 감사와 함께 그들에게 다양한 지원을 하고 있지만, 현종이 양규 장군의 부인에게 직접 쓴 글을 보면서 고려 시대에 전쟁에서 순국한 장병과 그 유족에 대해 어떤 예우를 하고 있는가를 알 수 있다. 현종의 양규 장군에 대한 추모와 예우는 '국가란 무엇인가'에 대해 많은 생각을 하게 한다.

　드라마에는 주연과 조연의 역할이 정해져 있지만, 역사의 무대에서 주연과 조연이 어디 있겠는가 싶다. 역사의 시공간에 있는 모든 사람이 주연이라고 생각한다. 주연보다 더 빛난 조연이라는 말이 괜히 생기지 않았을 것이다. 우리 역사에도 역사의 개펄에 숨겨진 진주와 같은 영웅들이 어디 한둘이겠는가. 역사 드라마가 기록의 파편을 토대로 상상력을 발휘하지만, 시청자들에게 우리 역사의 자긍심을 일깨워 준 영웅들을 역사의 무대에 등장시킨 공로는 자못 크다. 역사의 무대 주연 뒤에 가려진 조연들을 부단히 찾아 발굴하는 것은 우리 모두의 책무다. 양규 장군의 홍화진 사수가 있었기에 거란의 고려 제3차 침략에서 강감찬 장군의 귀주대첩도 가능했다고 생각한다.

　《세조실록》에 따르면, 세조대에 집현전 직제학 양성지가 양규 장군을 무성묘(武成廟)에 모셔 배향하도록 상소를 올렸고 왕도 허락하였다는 기록을 볼 수 있다. 무성묘는 뛰어난 문신을 배향하는 문묘(文廟)와 같이 무신(武臣)의 명장을 배향하는 사당을 말한다. 양규 장군 외에 무성묘에 배향하는 역대 왕조의 무인들은 신라의 김유신, 고구려의 을지문덕, 고려의 유금필, 강감찬, 윤관, 조충, 김취려, 김경손, 박서, 김방경, 안우, 김득배, 이방실, 최영, 정지 그리고 조선의 하경복과 최윤덕이었다. 조선 왕조에서도 양규 장군의 진가를 높이 평가하고 있음을 알 수 있다. 우리는 역사의 무대에 등장하는 인물들에 대해 어느 한쪽에만 조명을 비추는 것이 아닌가, 역사의 개펄에 묻혀 있는 인물들을 발굴하기 위해 얼마나 노력하고 있는가에 대해 깊이 성찰해 보아야 한다. "알려지지 않았다고/ 존재하지 않는 것은 아니다/ 드러나지 않는다고 위대하지 않

은 것은 아니다 …" 양규 장군이야말로 이 시에 정확히 들어맞는 인물
이 아닐지 싶다.

📖 《고려사》. 〈권제7〉.

《세조실록》 3권, 세조 2년 3월 28일 정유 3번째 기사.

길승수. (2023). 《고려거란전쟁》. 파주: 들녘.

류성룡. (1604). 《징비록》. 오세진 · 신재훈 · 박희정 옮김. 서울: 홍익출
　　　판 미디어그룹.

박노해. (2022). 《박노해 시집》. 서울: 느린걸음.

안주섭. (2003). 《고려 거란 전쟁》. 서울: 경인문화사.

임용한. (2015). 《전쟁과 역사 2: 거란·여진과의 전쟁》. 서울: 도서출판
　　　혜안.

정성희. (2000). 《인물로 읽는 고려사》. 서울: 청아출판사.

임용한. (2010). 《동아비즈니스리뷰》. 〈참 군인의 표상, 고려 명장 양
　　　규〉. 제55호.

_____. (2014). 《동아비즈니스리뷰》. 〈전설적 명장 신립, 탄금대에서
　　　몰락한 진짜 이유〉. 제163호.

〈양규〉. 한국사데이터베이스. 국사편찬위원회

〈고려거란전쟁〉. (2023). 드라마

〈평화전쟁 1019〉. (2019). 다큐멘터리.

미국 대학의 소수 인종 우대정책
다문화사회의 딜레마

미국은 지구상에서 가장 다문화, 다민족의 성격을 띤 국가다. 로스앤젤레스에서 사용하는 언어만도 200개가 넘는다고 하니 전 세계의 인종, 민족 그리고 언어가 공존하는 거대한 용광로인 셈이다. '열 손가락 깨물어 안 아픈 손가락 없다'라고 하지만, 의식 있는 미국인들에게 아픈 손가락이 있다고 하면 너무 앞서간 생각일까. 아픈 손가락은 아프리카계 미국인(여기서는 '흑인'으로 표현)을 두고 하는 말이다(미국 사회에서 흑인을 부르는 명칭은 변천을 거듭했다. 초창기에는 흑인을 경멸하는 '니그로'로 부르다 1980년대 대법원이 '니그로'라는 말의 사용을 금지했다. 1980년대 후반 민권운동가인 제시 잭슨(Jesse Jackson)의 주장으로 아시아 출신의 미국인을 Asian American이라고 부르는 것과 같이, 흑인도 African American으로 부르자고 주장하면서 널리 사용되고 있다). 저자는 미국의 주류를 이루는 백인 중 일부는 미국에 거주하는 수많은 인종 가운데 흑인에게 마음의 빚을 가지고 있다고 생각한다. 왜 그들은 흑인에 대해 마음의 빚, 이를테면 부채 의식을 가지고 있을까?

15세기 대항해 시대 이후 오늘날 미국의 지리적 경계를 이루는 광활한 대륙은 영국, 스페인, 프랑스의 식민지로 쪼개졌다. 미국 동부는 영국의 식민 지배를 받았는데 유럽에서 앵글로 색슨족을 중심으로 다양한 인종이 몰려왔고, 식민체제를 구축하는 과정에서 아프리카 대륙으로부터 엄청난 규모의 흑인 노예들을 데려왔다. '데려왔다'라는 표현은 점잖다. 포르투갈을 필두로 유럽 국가들은 아프리카 해역에서 흑인들을 헐값으로 사거나 강제로 끌고 배에 태우고 대서양을 건너왔다.

18세기 후반 미국은 영국으로부터 독립했지만, 흑인 노예는 미국 경제를 뒷받침하는 중요한 노동력이었다. 노예제의 존속 여부를 놓고 각주(州)가 이해관계에 따라 이합집산을 거듭하는 가운데 긴장과 갈등은 남북전쟁(1861~1865)이란 내전(American Civil War)으로 치닫게 했다. 전쟁에는 판세를 바꾸는 분수령이 있기 마련이다. 에이브러햄 링컨 대통령(1861~1865)의 노예해방선언(1863)은 전쟁의 의미와 판도를 바꾼 결정적 한 방이 되었다. 링컨의 노예해방선언으로 노예제 폐지를 찬성하는 북군은 자유와 인권을 수호하는 전사가 됐고 흑인들의 적극적인 지원을 얻었다. 북군에 참전한 노예는 노예 신분에서 자유인이 됐고 흑인들의 입대가 줄을 이었다. 종전쯤에 북군의 흑인은 약 20만 명에 달할 정도였다. 링컨 대통령과 북군은 명분 싸움에서 우위를 차지했다. 사실 링컨은 온건한 노예 폐지론자였다. 그는 즉각적이고 무조건적인 노예해방을 주장하던 급진파의 생각과는 달리 유예기간을 두고 적절한 금전적 보상을 거쳐 노예를 자유인 신분으로 전환하는 게 바람직하다고 생각했다.

그래서인지 링컨의 노예해방선언은 정치적인 목적에 의해 이루어졌다는 시각도 있다. 이런 시각을 가진 사람들은 산업 중심지로서 북부는 공장에서 일할 수 있는 노동력의 공급이 절실했다는 사실을 들어, 링컨이 노예해방이라는 명분으로 남부의 흑인들을 공장 노동력으로 바꾸려고 했다고 주장한다. 즉, 링컨이 단행한 노예해방의 주된 목적은 인류애에 기반한 인도적 차원에서가 아니라 저렴한 비용으로 일을 시킬 수 있는 노동자를 구하기 위해서였다는 것이다. 그들은 링컨이 《뉴욕 트리뷴》의 설립자 호레이스 그릴리(Horace Greeley)에게 보낸 편지를 증거로 제시한다.

> 남북전쟁의 궁극적인 목표는 연방을 구하는 것이지, 노예 제도를 존속시키거나 폐지하려는 것은 아닙니다. 만약 노예를 해방하지 않고 연방을 구할 수 있다면 그렇게 하겠습니다. 만약 모든 노예를 해방함으로써 연방을 구할 수 있다면 그렇게 하겠습니다. 또한 일부의 노예를 해방하고, 일부의 노예를 남겨둠으로써 연방을 구할 수 있다면 그렇게 하겠습니다.

링컨의 편지 내용만 놓고 보면, 우선순위는 '연방의 유지'이고 노예해방은 종속 변수인 것을 알 수 있다. 노예해방은 전쟁의 승리를 위한 수단일 뿐 목적 자체는 아니라는 주장이다. 이런 맥락에서 2024년 미국 대통령 선거의 공화당 경선 후보로 출마한 도널드 트럼프 전 대통령은 남북전쟁의 원인에 대한 기자의 질문을 받고 "많은 실수가 있었고 협상할 수 있었다고 생각한다"라고 대답해 구설에 올랐다. "협상이 필요했다"라는 트럼프의 발언은 노예제 종식을 위해 전쟁까지 갈 필요는 없었다는 취지로 해석될 수 있기 때문이다. 트럼프는 남부의 보수성향 유권자의 심기를 거스르기가 두려워 진실을 말하기보다 그들에게 영합하는 발언을 했을 것이다.

저자는 대통령을 정치인의 한 사람으로 바라봐야 한다고 생각한다. 전제는 대통령은 정파를 떠나 국민통합과 국익의 관점에서 생각하고 행동하는 정치인(statesman)이어야 한다. 링컨이 정치적인 노림수를 가지고 노예해방선언을 했다는 지적에는 일부 공감하지만, 전쟁 승리를 위한 수단으로써 노예해방을 이용했다는 말은 지나치게 링컨의 의도를 과소평가한 것으로 생각한다. 연방정부를 대표하는 대통령으로서 링컨의 최우선 순위는 연방을 지키는 것이다. 링컨의 편지 내용은 대통령으로서 링컨이 연방의 유지 또는 통합이 국정의 최우선 순위인 것을 강조한 말이 아닐지 싶다. 국정의 최고책임자로서 대통령은 신중한 법이다.

남부가 전쟁을 불사하면서까지 노예제를 존속하려는 이유는 무엇일까? 경제적 이유가 가장 컸다. 남부에서 노예가 없으면 경제가 돌아가지 않을 지경이었다. 남부에서 주로 경작하는 담배, 면화, 땅콩 등의 농산물은 대규모 플랜테이션에서 일할 흑인 노예들을 필요로 했다. 미국이 세계 최고 최대 부국(富國)이 될 수 있었던 토대는 흑인들의 피와 땀이라고 해도 과언이 아니다. 그러면서 미국은 제1차 세계대전과 제2차 세계대전을 거치면서 세계 최강대국으로 부상했다. 미국과 미국인들은 부강해지고 잘살게 되었지만, 흑인들의 사회경제적 지위는 어떤 변화가 있었을까? 흑인들은 백인들이 주도권을 쥔 경제에 종속되었고 자유 시민으로서 평등한 권리를 행사하지 못하는 경우도 많았다. 사법부에서도 흑인을 사고팔 수 있는 상품으로 판결할 정도의 인식을 하고 있었다.

20세기 중반까지만 해도 미국 사회에서 백인들의 흑인들에 대한 굳어진 편견과 차별의 결과로 흑인의 학교 입학, 금융권의 대출, 주택 마련, 직장에서 승진 등 사회, 경제, 문화 등 모든 분야에서 불리한 처우로 이어졌다. 흑인들은 집 근처에 학교가 있어도 수십 킬로 떨어진 학교에 다녀야 했다. 피부가 까맣다는 이유로 사회경제적 기회를 박탈당했다. 예상 밖으로 흑인에 대한 인식과 처우 변화는 군대에서 먼저 찾아왔다. 해리 트루먼 대통령(재임 1945~1953)은 군 최고사령관의 자격으로 행정명령을 공포하여 위계질서가 명확한 군대에서 백인과 흑인의 평등한 처우를 명령하기에 이르렀다. 군대에서의 최초의 흑백 통합 시도다. 대통령의 명령조차도 실행되는 데 상당 기간이 필요로 했지만 말이다. 이러한 변화는 흑인에 대한 근본적인 인식 전환에서 생긴 변화라기보다는 양차 세계대전을 치르면서 흑인군대가 필요한 현실적 인식 때문이었다. 실제 백인과 흑인이 참호에서 함께 보초를 서게 된 것은 한국전쟁 시기였다.

미국 사회에서 대통령으로서 소수 인종(여기서는 '흑인')에 대한 편견을 불식하고 차별철폐를 언급한 사람은, 1960년대의 존 F. 케네디 대통령(재임 1961~1963)이다. 케네디는 행정명령을 발동하여 오랫동안 불리한 사회경제적 환경에 놓여 있는 흑인에 대한 차별 철폐, 즉 소수 인종 우대를 지시했다. 물론 연방정부의 예산을 사용하는 공공기관에 한해서이다. 그러면서 케네디 대통령은 미국 사회의 전반적인 영역에서 차별을 철폐하는 적극적 행동(Affirmative Action)을 촉구했다. "구직자가 고용된 기간 중 인종, 피부색, 신조, 국적에 상관없이 처우 받는 조치를 해야 한다."(Affirmative Action은 차별철폐 정책, 소수자 우대정책, 소수 인종 우대 조치 등 다양한 용어로 쓰인다)

케네디 대통령의 흑인에 대한 차별철폐 지시는 당시 미국 사회의 변화와 무관하지 않다. 1960년대는 미국 사회에서 진보적인 다양한 사상들이 꽃을 피운 백가쟁명(百家爭鳴)의 시기였다. 백가쟁명의 꽃들이 모여 기념비적인 법률로 제정된 것이 민권법이다. 민권법(1964년)은 인종, 민족, 출신 국가 그리고 소수 종교와 여성 차별을 불법으로 규정한 연방법이다. 또한 민권법은 불평등한 투표자 등록 요구 사항의 적용과 학교와 직장 그리고 공공 편의시설에서의 인종 분리를 종식한 법이다.

케네디 대통령의 흑인에 대한 차별철폐 요구와 민권법 등 차별철폐를 규정한 관련 법률의 제정에 상응하여 공립대학에서 입학 및 장학금, 금융기관의 대출, 직장에서의 채용 및 승진 등 다양한 분야에서 소수 인종 우대정책이 시행되었다. 일부 대학에서는 소수 인종 우대를 적극적으로 실행하기 위해 흑인에게 입학 할당제(quota)를 도입하거나 가산점을 부여하는 정책을 시행하는 대학도 생겨났다. 물론 연방대법원은 할당제나 가산점 부여 정책에 대해서는 위헌 결정을 내렸다.

대학이 위헌요소를 배제하면서 입학전형에서 우대정책을 시행하는 풍경은 사법부와 대학이 마치 숨바꼭질하는 것처럼 보였다. 대학은 적극적인 우대정책을 시행하려고 하고, 사법부는 이를 저지하려고 했다. 미국의 대학은 위헌요소를 피하면서 소수 인종을 우대하려는 묘수를 찾아냈다. 대학의 다양성(diversity)이다. 다양성 확보라는 명분으로 흑인이라는 인종을 입학 자격 중 한 가지 요소(a factor)로 고려하였다. 엄격히 따지면 대학이 흑인이라는 인종(race)을 '한 가지 요소로 고려'한다는 의미는, 대학 입학지원자 중 같은 조건이면 흑인을 우선하여 합격시키겠다는 것이다. 가산점이 다양성으로 바뀌었다. 왜 대학에서 다양성

확보가 중요한가에 대해서는 하버드대 문리대학장을 지낸 헨리 로자브스키(Henry Rosovsky) 교수가 잘 설명하고 있다.

> 최상위권 대학들은 지리적으로뿐만 아니라 인종적으로 국가를 대표하는 대학이 되기를 열망한다. 그래서 가능하다면 미국 내의 다양한 인종의 학생에게 교육 기회를 제공하려고 한다. 우리는 학생들이 상호 간에 많은 것을 배운다는 것을 잘 알고 있으며, 학생들이 다양하면 다양할수록 그런 기회가 더욱 풍요로워진다고 믿고 있다. 우리는 특히 최상위권 대학에서 받는 교육을 사회적, 경제적 상승 이동의 첩경이라고 믿고 있으며, 그래서 지금까지 차별과 배제로 희생되어 온 소수 인종도 이런 유리한 교육의 기회를 이용할 수 있기를 갈망하고 있다(로자브스키, 1991: 102 재인용).

미국의 최상위권 대학에서는 다양성이라는 명분으로 입학자를 결정할 때 지원자의 점수가 같은 경우에는 흑인에게 입학의 기회를 제공했다. 대학에서 다양성이라는 이름으로 흑인(인종)을 입학 자격의 하나로 고려하게 된 철학적 배경은, 흑인은 백인과 출발선이 달라 같은 잣대를 들이대면 불리한 상황에 놓이게 된다는 것이다. 비판적으로 말하면 다양성은 허울 좋은 명분에 불과하고 다양성을 정의(justice)와 맞바꾼 것이다.

2023년 6월, 연방대법원은 대학 입학에서 인종을 입학 자격의 하나로 고려하는 소수 인종 우대정책에 대해 사형선고를 내렸다. 소수 인종 우대정책은 미국 헌법에서 명시한 평등권을 침해하여 위헌이라는 판단이었다. 어떻게 생각하면 이 정책이 반세기 이상 유지되어 온 것도 쉽지 않은 일이었다. 그동안 우대정책을 찬성하는 측에서는 연방대법원의 판결문에 의지한 채 산소 호흡기를 달고 있는 형국이었다. 결국 올 것이 왔다. 연방대법원 9명의 대법관 중 보수성향의 판사가 다수가 되면서 우대정책의 폐기는 예정된 수순이나 마찬가지였다. 또한, 연방대법원이 대학의 소수 인종 우대정책에 대해 위헌을 내리기 전, 캘리포니아주 등 일부 주에서는 주민투표를 통해 공립학교에서 특정 인종을 우대하는 입학 정책을 폐지한 바 있다.

연방대법원이 소수 인종 우대정책에 대해 위헌 결정을 하는 과정에서 두 대법관에게 시선이 모였다. 히스패닉계 소니아 소토마요르 대법관과 흑인 클래런스 토머스 대법관이다. 두 대법관 모두 소수 인종 우대정책으로 명문대와 명문대 로스쿨을 졸업하고 대법관이 되었다. 두 대법관은 우대정책의 혜택을 받았지만 이 정책을 바라보는 시각은 판이하다. 소토마요르 대법관은 "소수 인종 우대정책이야말로 아메리칸드림을 이루게 해준 수단이었고, 좋은 교육이라는 경주(race)가 있는지도 모르는 학생들을 출발 선상에 데려다주는 것이 미국 교육의 힘이다. 인종 간 빈부와 교육 격차가 여전히 큰 상황에서 이 정책을 폐기하는 것은 기만이다"라고 말했다. 반면 토머스 대법관은 "소수 인종 우대정책이 내 업적을 인종에 의한 특혜로 만들어버렸고, 이 정책으로 인해 취직하는 데 걸림돌이 됐다. 대형 법률회사에서 나의 능력을 의심해 번번이 퇴짜를 놨다. 헌법은 인종에 근거한 분류 자체를 금지하고 있는 만큼, 특정 인종의 입학을 보장하기 위해 고안된 무분별한 정책은 폐지돼야 한다"라고 주장했다. 두 대법관 모두 소수 인종으로서 인종차별과 가난을 겪었음에도 우대정책에 대응하는 방식은 정반대로 나타났다(이민석, 조선일보).

　법원이 대학의 소수 인종 우대정책을 폐기한 상황에서 흑인의 대학(특히 최상위권 대학) 입학 비율은 과거보다 감소할 것으로 예측된다. 대학의 다양성 확보에도 차질이 생기게 되었다. 그런데도 미국의 대학에서는 연방대법원이 판결한 헌법정신을 존중하면서 흑인들을 고려 또는 배려하는 입학 정책을 시행할 것으로 생각한다. 미국 대학에서는 백인 등 특정 집단이 과잉 대표되는 것을 반대한다. 대학에서 심도 있는 강의, 학습, 연구가 수행되기 위해서는 다양한 배경, 관점, 경험을 가진 사람들로 구성된 공동체에 달려있다고 생각한다.

　미국 사회가 지향하는 평등은 다양한 관점에서 논의될 수 있지만, 일각에서는 인구비례에 따른 평등도 해법의 한 갈래가 될 수 있다고 주장한다. 전체 인구 중 특정 집단이 차지하는 인구 비율에 맞춰 모든 정책을 시행해야 한다는 것이다. 미국에서 흑인 인구(2021년 기준)가 14% 안팎을 차지하고 있다는 것을 고려한다면, 대학뿐 아니라 사회 전반에 진출하는 흑인 인구 역시 14% 안팎을 유지해야 한다는 말이다. 지구상에서 최대 규모의 다문화사회를 이루고 있는 사회의 딜레마지만, 공정한 사회를 만들려는 고민과 노력은 높은 점수를 주어야 마땅하다.

　궁극적으로 특정 집단을 우대하는 정책은 매우 신중할 필요가 있고 남발하지 않아야 한다. 만약 시행하더라도 대상과 기간을 명확하게 규정해야 한다. 우대정책은 임시방편으로 타인에게 비용을 내게 하여 특정 집단에 편의를 주는 제도이기 때문이다. 특정 집단을 우대하는 정책을 시행하는 국가들, 즉 인도, 스리랑카, 나이지리아, 말레이시아, 싱가포르 등의 사례를 보면 한번 시행한 제도를 거둬들이기란 매우 어렵다는 것을 확인할 수 있다. 처음에는 수혜 대상에 제한을 두고 수혜 기간도 한시적이거나 잠정적인 것을 기획하지만, 시간이 가면서 수혜 대상은 넓어지고 수혜 기간도 길어진다(소웰, 2008). 우대정책이나 제도에 관한 연구에 따르면, 정치적으로 쉽게 결정, 시행된 우대제도는 중도에 쉽게 금지 또는 폐지되기 어려운 속성을 지닌다. 우대대상 집단은 곧 유권자로서 정치적 영향력을 행사하기 때문이다.

미국 대학의 소수 인종 우대정책에 찬성하는 측에서는 우대정책을 과거 차별로 생긴 손해를 교정하는 수단으로 생각한다. 저자 역시 과거 차별의 결과로 생긴 사회적, 경제적 출발선이 다른 특정 집단에 일정한 우대와 편의를 제공하는 것은 바람직하다고 생각한다(차별의 결과를 정확히 계산하기란 어려운 과제이다). 그러나 그 시행의 전제는 사회적 합의가 있어야 한다. 정치적, 이념적 이해관계나 대중영합주의로 추진하게 되면 시간이 지나면서 감당하기 어려운 사회적 갈등과 긴장을 초래하고 저항을 불러일으키기 때문이다. 소수 인종 우대정책에 반대하는 백인 대학생의 주장은 설득력을 지니고 있다. "왜, 과거를 보상하기 위해 누군가를 차별하는가? 과거란 마치 다리 아래 흐르는 물과 같다. 내 할아버지의 실수 때문에 나를 처벌하지 말라." 누군가를 희생시켜 누군가를 보상하는 것은 역차별이고 악순환의 고리를 단단하게 만드는 것이다. 왕조시대의 연좌제를 연상시킬 만하다.

다문화사회로 진입한 우리나라도 미국에서 소수 인종 우대정책을 장기간 시행하면서 드러난 부작용과 문제점을 주목할 필요가 있다. 우대정책은 집단 간 적개심을 발생시키고 백인들의 역차별을 불러일으켰다는 점, 그리고 무엇보다 곤경을 극복하고 상류사회로 진입한 흑인의 성공 요인을 소수 인종 우대정책이나 국가의 특혜 프로그램 때문으로 보게 한다는 점이다. 소수 인종 우대정책의 도움을 받지 않고 자수성가한 흑인들은 정당한 평가를 받지 못해 억울하게 생각한다. 낙인효과다. 흑인 당사자가 아닌 사람들의 눈에는 성공한 흑인들은 특혜를 받아 성공한 것으로 보인다.

우리나라에서도 이주 배경 주민들의 정치적 영향력이 커지게 되면 정치인들은 그들의 표를 구애하기 위한 정치적 공약을 내놓게 될 것이다. 지금도 대선이나 총선이 되면 그런 조짐이 보인다. 그 공약은 우리 사회의 다양한 영역에서 상당한 갈등과 긴장을 불러일으키게 될 것이다. 이때 미국 등 세계 여러 다문화 국가에서 겪었던 선험적 시행착오에 주목해야 한다. 잊지 말아야 할 것은, 특정 집단에 대한 우대정책은 반드시 사회적 합의가 있어야 한다는 점이다. 시간이 걸리더라도 반드시 합의해야 한다. 특정 집단에 대한 우대정책이 사회통합의 계기가 되어야지 사회분열의 촉매제가 되면 최악이다.

현재 우리나라의 인구 동태로 보면 다문화사회의 진입은 피할 수 없다. 문제는 다문화사회를 어떻게 관리할 것이냐이다. 다문화사회는 그 장점을 살리면 우리 사회의 발전에 긍정적 요인이 될 수 있다. 위협요인이기도 하지만 기회 요인이기도 하다. 우리나라처럼 후발 다문화사회는 시행착오를 경험한 선진 외국의 사례를 분석하고 우리 문화와 환경에 맞게 채택, 적용해야 한다. 제도나 정책의 성패를 가르는 요건은 문화의 수용성에 달려있다.

흥미로운 점은 영어로 인종을 의미하는 'race'는 경주, 경쟁이라는 의미로도 쓰인다. 경마장의 출발선에 선 경주 말들은 머리를 일자로 맞춘

다음 출발신호를 기다린다. 인종 간에도 공정한 경주가 되기 위한 전제 조건은 출발선(start line)이 같아야 한다. 미국 사회나 우리나라 사회에서도 공정과 정의라는 단어가 흔히 사용하는 말이 되었지만, 출발선이 같지 않는다면 불평등과 인종차별의 논쟁거리는 언제든 불거지는 주머니 속의 송곳이 될 것이다. 다문화사회의 딜레마다.

📖 김중순. (2023). 《워낭소리 봉화에서 미시시피 인디언 마을까지》. 서울: 일조각.

로자브스키, 헨리. (1991). 《대학, 갈등과 선택》. 이형행 옮김. 서울: 삼성경제연구소.

소웰, 토마스. (2008). 《세계의 차별철폐정책》. 염철현 옮김. 파주: 한울아카데미.

앤더슨, 테리. (2004). 《차별철폐정책의 기원과 발자취》. 염철현 옮김. 파주: 한울아카데미.

콸스, 벤자민. (1995). 《미국 흑인사》. 조성훈·이미숙 옮김. 서울: 백산서당.

크로스비, 페이. (2004). 《끝나지 않은 논쟁, 차별철폐정책》. 염철현 옮김. 파주: 한울아카데미.

김유진. (2024). 《경향신문》. 〈바이든 "남북전쟁, 노예제가 원인 … 트럼프, 역사도 훔치려 해"〉. 1월 9일.

김은중. (2024). 《조선일보》. 〈노예제 두루뭉술 답변 … 헤일리 이어 트럼프도 '남북전쟁' 휘말렸다〉. 1월 9일.

이민석. (2023). 《조선일보》. 〈美를 기회의 땅 만든 소수인종 우대, 62년 만에 존폐 기로〉. 6월 14일.

_____. (2023). 《조선일보》. 〈흑인·히스패닉 '성공 사다리' … 오바마·라이스도 혜택〉. 7월 1일.

〈노예 12년〉. (2014). 영화.

〈링컨〉. (2012). 영화.

〈영광의 깃발〉. (1989). 영화.

정로환(正露丸)에 얽힌 사연
일본의 군국주의에 대한 미련과 후안무치(厚顏無恥)

우리나라에 상수도 시설이 제대로 갖춰지지 않던 시절에는 배설물과 생활 오폐수가 정화되지 않은 채 강과 바다로 그대로 흘러 들어갔고, 국민은 그 물을 그대로 퍼다 마시던 때가 있었다. 공중보건 위생 개념도 제대로 수립되지 않았다. 물갈이하면 배가 꼬이면서 사르르 아프거나 배탈, 설사는 다반사였다. 이때 찾는 약이 '정로환(正露丸)'이다.

정로환은 오랜 역사를 지닌 약이다. 1905년 일본에서 만들어졌다. 정로환은 군국주의 일본이 중국을 침략하면서 본격 개발되기 시작했다. 러일전쟁(1904~1905)이다. 러일전쟁은 만주와 조선의 지배권을 두고 러시아와 일본이 벌인 제국주의 전쟁이다. 일본을 세계 제국주의 무대에 올려놓은 전쟁이기도 하다. 일본은 만주에 파병한 병사들이 잇따라 죽어 나가자, 그 원인을 조사한 결과, 만주의 나쁜 수질이 배탈, 설사의 원인인 것을 밝혀냈다. 일왕은 '배탈, 설사를 멈추게 할 약을 만들라'는 명령을 내렸다. 수많은 약 중에 다이코 신약에서 만든 약이 효력이 뛰어났고 전쟁을 승리로 이끄는 데 큰 공을 세웠다. 그것이 바로 정로환이다. 정로환(征露丸)의 한자어 뜻은 '러시아를 정복하는 약'이라는 의미이다. 러시아는 한자로 '露西亞(로서아)'로 표기한다.

정로환의 탄생과 관련하여 다른 설도 있다. 일본은 러일전쟁 개전 전에 병사들이 물갈이하면 탈이 날 것을 준비하여 미리 정로환을 개발해 두었다고도 선전했다. 유비무환(有備無患)의 일본군을 홍보하는 것이다. 또 일본군이 일장기를 등에 지고 행군하기 때문에 '해(日)가 뜨면 이슬(露)은 사라진다'라는 의미로 '정로환(征露丸)'으로 불렀다는 설도 있다. 어떤 설이든 정로환은 동북아시아 격변기와 맞닿아 있고 일본군은 약 하나에도 군국주의 냄새를 풍기고 다녔다.

정로환은 효능은 좋은데 냄새가 지독하다. 비위가 약한 사람은 구토 증세를 보인다. 일본군 병사들도 처음에는 지독한 냄새 때문에 약을 먹지 않고 버리기 일쑤였다고 한다. 군 당국에서는 '하루에 한 알씩 복용하라는 천황의 명'이라고 하면서 병사들에게 먹였다고 한다. 일본은 러일전쟁에서 승리한 후 원래 이름이 '크레오소트 환'이었던 것을, 러시아를 정벌한 약이라고 해서 '정로환(征露丸)'이라는 이름을 붙였다.

이후 정로환은 일본 군국주의를 상징하는 약품이 되었다. 일본은 태평양 전쟁 시기에 정로환을 황군 위문품의 최적 약품이라면서 자신들의 제품을 사서 일본군들에게 위문품으로 보내라고 선전해댔다. 또한, 상품명을 '전몰 기념환'이라고 바꾼 적도 있을 정도로 일본의 군국주의 상징과도 같은 약품이었다. 오늘날 일본은 야스쿠니신사, 즉 '전쟁에서 싸우다 전사한 사람들을 신으로 모시고 제사를 지내는 곳'에다 정로환을 전시하고 있다. 제사상에 고인이 좋아했던 음식을 차리는 것처럼 전몰 병사를 위해 정로환을 전시하고 있다.

정로환(征露丸)이 어떻게 정로환(正露丸)이 되었을까? 제2차 세계대전 종전 후 일본 정부는 '국제적 신의 상'이라는 이유를 들어 정복할 정(征) 자를 바를 정(正)자로 고쳐 쓰도록 전국의 제약회사에 명령하여 오늘날의 정로환(正露丸)이 되었다. 일본이 정복할 정(征)에서 바를 정(正)자로 고쳤지만, 여전히 군국주의에 대한 미련을 버린 것은 아닐 것이다. 한자 '바를 정(正)'은 '정당하다', '올바르다'라는 뜻도 가지고 있다. 정로환(正露丸)으로 이름을 바꾼 것은, 당시 러시아와의 전쟁이 정당하고 떳떳한 침략행위였다는 주장을 하는 것이나 마찬가지다. 오히려 러시아를 정복하는 데 혁혁한 공로가 있는 약품이라는 정로환(征露丸)이 더 솔직한 표현일 것이다. 정로환의 개명을 보면서 과거 역사에 솔직하지 못하고 반성하지 못한 일본인의 모습이 정로환의 독한 냄새를 방불케 한다.

국내에서는 1973년부터 정로환(正露丸)이 생산되었다. 1973년 12월 17일 자, 동아일보 광고에서는 정로환을 '급만성 설사, 일반 설사, 급체, 복통, 위장병, 소화불량'에 약효가 있는 신제품으로 광고했다. 우리나라 사람에게 '배탈에는 정로환'이라는 광고 효과는 절대적인 것으로 보인다. '정로환'은 보통명사가 되었다. 법원은 동성제약이 보령 정로환을 출시한 보령제약을 상대로 시작했던 상표권 소송을 기각했다. 정로환은 동성제약만이 아니라 다른 제약사도 그 이름을 사용할 수 있게 되었다. 현재 우리나라에서는 8개 제약사에서 정로환을 생산한다. 독한 냄새가 나지 않도록 당의를 씌운 제품도 발매되고 있다.

정로환은 배탈 설사에 탁월한 효능을 지니고 있고 미국 FDA 승인을 받아 효과나 안전성에서도 인정받았다. 그러나 정로환이 어떻게, 어떤 역사적 맥락과 배경에서 만들어졌는지에 대해 더 진지하게 생각할 필요가 있다. 저자는 두 가지를 제안한다. 첫째, 일본은 정로환(征露丸) 또는 정로환(正露丸)이라는 이름을 완전히 바꿔 군국주의에 대한 미련을 버려야 한다. 러시아로서는 얼마나 불쾌하겠는가 싶다. 일본인은 남에게 폐 끼치는 것, 즉 '메이와쿠(迷惑)'에 민감한 국민성을 가지고 있는 것으로 알고 있는데, 정부와 군부에서는 왜 이렇게도 무례하고 몰상식한 행동을 하는지 모를 일이다. 정부와 군부의 메이와쿠는 일반 국민의 메이와쿠와는 전혀 다른 차원이란 말인가. 둘째, 우리나라 제약사들도 정로환(正露丸)의 역사적 배경과 맥락을 모를 리 없을 것이다. 일본어와 일본 문화도 필요하다면 우리나라의 외래문화로 수용할 수 있지만, 정로환(正露丸)은 바로잡아야 한다. 우리나라에서 정로환(正露丸)이란 이름을 계속 사용하면 일본인은 좋아하겠지만, 이는 우리 국민을 모욕하고 국제적으로도 도의에 어긋난다고 할 것이다. 굳이 공자의 정명 사상을 언급하지 않더라도 약 이름에서만큼은 정치적 색깔을 빼야 한다.

📖 윤영철. (2015). 《건강미디어》. 〈동북아 역사를 지독한 냄새로 담아낸 정로환〉. 8월 10일.

　윤민아. (2003). 《청년의사》. 〈동성제약 '정로환'〉. 5월 31일.

새야 새야 파랑새야
우리나라 민주주의의 뿌리, 동학농민혁명

고려대학교 안암 캠퍼스의 정오는 색다른 기분이 들게 한다. 문과대학(서관) 시계탑에서 울려 퍼지는 〈새야 새야 파랑새야〉 때문이다. 시계탑은 고려대학교의 상징물이다. 1961년 쌍용그룹 회장 김성곤 교우가 일본과 미국 등에서 주문 제작해 본교에 기증했다.

> 새야 새야 파랑새야
> 녹두밭에 앉지 마라.
> 녹두꽃이 떨어지면
> 청포 장수 울고 간다.

동학농민혁명(1894)의 주제가라고 할 수 있는 〈새야 새야 파랑새야〉(일명 '파랑새요')를 듣게 되면 나도 모르게 숙연해지면서 아른했던 의식이 깨어나는 것 같다. 고려대학교는 시계탑에서 노래를 흘려보내는 정책을 결정했고, 수많은 노래 중에 〈새야 새야 파랑새야〉를 선정했다. 여러 가지 설이 전해지고 있지만, 1910년 손병희(孫秉熙, 1861~1922)가 고려대학교의 전신 보성 전문학원을 넘겨받은 이후부터 천도교('동학'의 다른 이름) 교단의 영향을 받아 동학농민혁명을 이끌었던 녹두장군 전봉준의 정신을 기린다는 데 의의가 있다고 한다.

손병희는 동학(東學)의 3대 교주를 역임했고, 동학을 계승한 천도교를 우리나라의 신흥 종교로 전환한 인물이다. 3·1운동의 33인 중 한 명이기도 하다. 이왕 말이 나왔으니 천도교에 관해 한마디 더 하자. 천도교에서는 신자를 교인이라 칭하고 교인끼리는 서로를 동덕(同德)이라 부른다. 동덕여중, 동덕여고, 동덕여대는 천도교의 미션스쿨로 출발하였다.

사람들이 고려대학교를 왜 '민족대학'이라고 부르는지 알 것 같았다. 4·18의거 등에서 보듯이 고려대학교가 불의에 항거하는 학교 전통을 갖게 된 것도 학창 시절 심취된 민족의식이 크게 작용한 것이 아닌가 하는 생각을 해본다. 박정희, 전두환, 노태우 군부 독재에 저항하고 민주주의의 쟁취를 위해 시위, 항거할 때 〈파랑새요〉는 시위 학생들에게 특별한 위로와 힘이 되었다.

조류 중에 왜 파랑새를 등장시켰을까? 파랑새는 여름 철새로 동화, 시가, 민담에 자주 등장하는데 '행복'과 '기쁨'을 상징한다. 소셜 미디어 기업 트위터(Twitter)도 회사 로고가 파랑새였다. 파랑새처럼 행복하고 기쁜 소식을 전하는 메신저가 되고자 하는 포부를 담았을 것이다. 지금은 알파벳 'X'로 바꿨다. 일론 머스크가 트위터를 인수하고 나서 일어난 일이지만 파랑새가 사라진 트위터는 왠지 사용하기가 꺼려진다. 동양과 서양의 상징에 대해 부여하는 가치가 달라서일까. 서양에서 알파벳 'X'는 점검표에 자기 생각을 표기하거나 학교에서 시험지에 정답을 표기할 때 사용하는 부호이지만, 우리나라와 같은 동양에서 '엑스(X)'는 다분히 부정적인 의미를 담고 있다. 인간관계에서도 '그 사람 엑스야'라고 말하면 관계가 끝났다는 뜻이다. 트위터는 회사 로고가 바뀐 뒤에 수요자의 반응을 유심히 살펴볼 필요가 있다.

문헌으로 볼 때 파랑새는 《삼국유사》에 처음 등장하는데 강원도 동해안 낙산사와 관련된다. 낙산사는 신라 때 의상대사가 세운 사찰로 관동팔경 중 하나이다. 낙산사 홈페이지에 따르면, "의상대사가 낙산사를 창건하기에 앞서 관음보살을 직접 눈으로 보기(親見) 위해 이곳에 도착하여 파랑새를 만났는데, 파랑새가 석굴 속으로 들어가므로 이상히 여겨 굴 앞에서 밤낮으로 7일 동안 기도를 했다. 7일 후 바다 위에 붉은 연꽃, 곧 홍련(紅蓮)이 솟아나더니 그 위에 나타난 관음보살을 직접 보았다. 대사는 이곳에 암자를 세우고 홍련암이라 이름을 짓고 파랑새가 사라진 굴을 관음굴이라 불렀다"라고 기록하고 있다. 파랑새는 관음보살의 화신으로 상서로운 일이 일어날 것을 암시하는 역할을 한 새다. 파랑새를 행복과 기쁨의 대명사로만 생각하는 것은 아니다. 이 세상에 독식은 없는 법이다. 민담 설화에서는 파랑새를 사악한 요괴인 여우로 등장시키기도 한다.

〈새야 새야 파랑새야〉는 동학농민혁명(1894~1895)이 있기 전부터 널리 알려진 순수 민요라는 주장이 있다. 예로부터 호남평야의 일대인 전북 부안, 김제, 정읍에서는 가뭄으로 모내기를 하지 못하면 논에 녹두를 심었다. 대파(代播), 즉 대체 작물을 파종하였다. 이 녹두로 청포를 만들어 먹는데, 녹두가 익을 때쯤이면 새들이 날아와서 열매를 따 먹는다. 이때 처녀들이 새를 보면서 부른 노래가 〈새야 새야 파랑새야〉였다고 한다. 새타령이다. 이 주장에 따르면 파랑새, 녹두꽃, 청포 장수에 대한 의문은 해소된다. 그렇다면 어떻게 〈파랑새요〉가 동학농민혁명의 주제가가 되었을까? 그리고 녹두꽃이 왜 전봉준(全琫準, 1855~1895)을 상징하고 후에 녹두장군이 되었을까?

어릴 적 전봉준은 키가 매우 작았지만, 다부진 체격을 가졌다고 한다. 마을 사람들은 그를 녹두에 비유했다. 녹두꽃의 꽃말은 '강인함'과 '단단함'을 상징한다. 녹두를 만져보면 바윗돌처럼 강하고 단단하다. 녹두의 전분으로 만든 묵을 청포(淸泡)라고 한다. 그 강인함과 단단함이 음식으로 바뀌고 우리 몸에서는 해독 작용을 한다. 녹두의 외형적인 특성을 인물에 빗댄 우리 조상들의 비유는 혀를 내두를 정도로 빼어나다. 뛰어난 인문학적인 유전자를 지니고 있다. 그리고 파랑새가 팔왕새로도 발음이 되고, 우연히도 한자 팔왕(八王)이 전봉준의 전(全)이 되니 동학군에게 차용되었다는 주장이다. 〈파랑새요〉는 전봉준이 위급에 처하게 되면서 변용되어 재탄생하게 된다(최래옥, 1986). 백성들은 시대적 상황이나 정치적 징후 따위를 암시하는 번곡(飜曲), 즉 참요(讖謠)를 만든다. '요(謠)'가 짧고 간결한 음악적 언어로 현실에 대한 불만과 우려를 표현한 노래라면, '참요(讖謠)'는 도참사상에 기반하여 예언적인 요소를 내포한다. 세 가지의 번곡을 소개해 보자.

1.
새야 새야 파랑새야
전주 고부 녹두새야
어서 바삐 달아나라

댓잎 솔잎 푸르다고

봄철인 줄 알지 마라

백설 분분 휘날리면

먹을 것이 없어진다.

2.

아랫녘 새야 웃녘 새야

전주 고부 녹두새야

녹두밭에 앉지 마라

두류박 딱딱우여.

3.

가보세 가보세

을미적 을미적

병신되면 못가보리.

〈새야 새야 파랑새야〉의 번곡을 보면 백성들이 국내 정세와 상황을 정확히 파악하고 있으며, 그 상황을 돌파할 해결책까지 제시하고 있다는 것을 알 수 있다. 집단지성의 힘을 발휘하는 백성은 늘 위대하다. 새는 민중을 가리키며 두류박은 전주 고부에 있는 두류산(頭流山)을 말한다. '딱딱우여'는 '날아가라' 또는 '해산하라'는 의미다. 백성들은 녹두 장군 전봉준이 거사를 일으켰지만, 아직 때가 아니며 그에게 위험이 닥쳤으니 빨리 도망가라고 한다.

세 번째 참요는 〈가보세요(謠)〉인데, '가보', '을미', '병신'은 '갑오(甲

午)’, ‘을미(乙未)’, ‘병신(丙申)’의 음을 딴 것이다. 갑오년에 부패를 척결하고 내정개혁과 외세 배격을 단행하지 못하고 다음해 을미년까지 머뭇거리며 개혁의 시간을 놓쳐 병신년이 되면 글자 그대로 나라와 백성이 병신(病身)이 된다는 뜻을 함축한 노래다. 역사는 당시 백성들이 국내외 정치적 역학 관계에 대해 얼마나 깊은 통찰과 놀라운 예지력을 가지고 있는가를 확인시켜 준다. 정부의 무능과 부패로 인해 개혁의 타이밍을 놓친 조선은 1905년에 우리나라 외교권을 박탈당한 을사늑약(乙巳勒約)에 이어, 1910년에는 완전히 일본에 합병되어 국권을 상실하였다. 노랫말처럼 을미적 거리다 병신이 된 꼴이다.

동학농민혁명의 원인, 경과, 결과 등에 관해서는 수많은 교과서, 문헌 등에 충실하게 기록되어 있어 여기에서 되풀이할 필요는 없을 것이다. 핵심은 동학(東學)이라는 종교 조직과 동학교도의 지도하에 무능한 정부, 부패한 관료를 응징하고 외세를 배척하고자 하는 농민 항거였다는 점이다. 동학농민혁명은 다른 민란과는 결이 다른 반봉건적, 반외세적 농민 항쟁이다. 동학농민군은 1895년 5월, 호남 각지에서 온 민중이 전라북도 부안군 백산에 모여 혁명군으로서 조직을 갖추고 창의문(倡義文)을 발표한다.

우리가 의(義)를 들어 이에 이른 것은, 그 본뜻이 다른 데 있지 아니하고 창생(蒼生, 세상의 모든 사람)을 도탄 가운데서 건지고 국가를 반석의 위에다 두고자 함이라. 안으로는 탐학한 관리의 머리를 베고 밖으로는 횡포한 강적의 무리를 내쫓고자 함이라. 양반과 부호에게 고통을 받는 민중들과 방백(方伯, 오늘날 도지사와 같은 급으로서 조선 시대 각 도의 으뜸 벼슬)과 수령(守令, 각 고을의 지방관들을 통틀어 이르는 말. 절도사, 관찰사, 부윤, 목사, 부사, 군수, 현감, 현령 따위)의 밑에 굴욕을 받는 소리(小吏, 오늘날 중앙과 지방의 하급 공무원)들은 우리와 같이 원한이 깊을 것이니, 조금도 주저치 말고 이 시각으로 일어서라. 만일 기회를 잃으면 후회해도 미치지 못하리라.

동학 농민군 지도부는 창의문에서 봉기 이유와 목적을 분명히 밝히고 있다. 동학 농민군은 탐학하고 횡포한 관리와 권력자를 몰아내어 도탄에 빠진 백성을 구하고 국가를 반석 위에 올려놓고자 했다. 백성들이 대의명분이 옳다고 국가를 상대로 하는 농민군에 참여하는 것은 아닐 것이다. 백성들을 동학 농민군에 동참케 만든 특별한 요인이 있었을 것이다. 일제강점기에 활약한 민족사학자이자 언론인이었던 박은식(1859~1925)은 동학이 전국적으로 빠르게 확산된 이유를 세 가지로 정리했다. 첫째, 동학교도들의 정감록(鄭鑑錄)에 대한 믿음 때문이었다. 동학교도들은 정감록에서 말하는 정씨(鄭氏) 성(姓)을 가진 진인(眞人)이 출현하여 이씨 왕조가 멸망하고 새로운 세계가 도래할 것이라는 예언을 믿었다. 그리고 동학을 믿으면 병자는 약을 먹지 않고 부적을 태워 마시면 즉시 차도가 있고, 주문을 외우면 총구에서 물이 나오고, 주머니에 부적을 넣고 다니면 총을 맞아도 죽지 않는다고 믿었다(드라마 〈녹두꽃〉(2019)에서는 동학교도들이 시천주조화정 영세불망만사지(侍天主造化定 永世不忘萬事知), 즉 '천주님을 제대로 모시면 조화가 자리 잡는다. 천주님을 모시는 참신앙의 마음을 영원히 한순간도 잊지 않으면 만사를 환히 아는 거룩한 큰 지혜를 얻게 된다'라는 주문을 외우는 장면이 여러 번 등장한다). 둘째, 조선 후기 신분계급사회의 모순 때문이었다. 양반과 상민의 구별이 심한 왕조시대에 양반에 대한 상민(常民, 양반이 아닌 보통 백성을 이르던 말)의 원한이 골수에 맺혀 몇 백 년을 내려오며 쌓였던 원한이 폭발했다. 신분제의 모순은 차별을 잉태하고, 차별은 분노를 낳고, 마침내 분노의 봇물이 터져 민중봉기로 이어졌다. 셋째, 동학 지도부가 내건 보국안민(輔國安民), 즉 '나랏일을 돕고 백성을 편안하게 한다'라는 기치에 호응, 동참했기 때문이다. 동학교도들은 봉기가 탐관오리와 간신배를 몰아내고 만백성을 구제하고 국가를 바로 세우기 위해서라는 포고문을 보고 전국적으로 호응했다. 박은식은 동학 농민군의 성격을 무능하고 부패한 정부와 관료를 응징하여 보국안민(輔國安民)의 민본과 민의 중심의 반봉건적 농민항쟁이었다고 진단했다. 여기에 동학 농민군은 척양척왜(斥洋斥倭)의 반외세적인 성격을 띠었다.

동학 농민군은 조선 정부의 예상을 뒤엎고 전주성을 점령하였다. 동학 농민군을 낫이나 호미 아니면 죽창으로 무장한 오합지졸로 간주했던 조선 정부는 크게 당황했다(당시 조선 정부에서는 동학 농민군을 동비(東匪), 즉 '동학을 믿는 도적떼'로 낮춰 불렀다). 조선은 도적떼를 진압할 힘조차 없어 청나라에 군사 파병을 요청했다. 민란을 진압할 목적으로 외국 군대를 끌어들였고 이 판단은 이후 조선이 외세에 휘둘리는 자충수가 되었다. 조선 정부와 동학 농민군은 청은 물론 일본까지 한반도에 군대를 파병한 것에 동일한 우려를 했다. 이러한 우려는 곧 조선 정부가 동학 농민군이 주장하는 12개 조의 폐정개혁안(弊政改革案)을 서둘러 수용케 하는 강력한 동인(動因)이 되었을 것이다. 1894년 6월에 체결된 전주화약(全州和約)이다(동학농민혁명기념재단은 전주화약의 상징성을 강조하며 동학농민혁명 국가기념일을 전주화약일인 6월 11일로 제안했지만, 2019년 문화체육관광부에서는 황토현 전승일인 1894년 5월 11일을 동학농민혁명 국가기념일로 최종 선정했다). 조선 정부가 동학 농민군의 폐정개혁안을 수용하자 동학 지도부는 농민군을 해산시켰다. 전주화약은 우리 역사상 처음으로 관민 상화(官民相和)의 기구인 집강소가 설치되어 민의가 국정에 반영되는 첫 사례를 만들었다. 조선 정부와 동학 지도부는 화약을 통해 외국 군대의 주둔 명분을 없애려고 했지만, 청과 일본은 한반도에 군대를 파병할 때부터 딴마음을 가지고 있었다. 더구나 청나라의 조선 파병은 호시탐탐 조선을 노리고 있던 일본에게는 천재일우(千載一遇)의 기회가 되었다. 일본은 청과 맺은 텐진조약(1885)에 따라 청군이 조선에 파병하게 되면 일본군도 조선에 파병하게 된 점을 노렸다. 여기서 조선 정부가 청나라에 파병을 요청하는 문서의 내용을 살펴보자. 동학 지도부가 농민군에게 촉구했던 창의문과는 그 내용과 논조가 상반된다. 당시 조선 정부가 보여준 현실 인식의 수준이다.

> 우리나라 전라도의 태인, 고부 등은 민심이 사납고 심정이 간교하여 다스리기 어려운 바가 있는데, 최근 동학 비적당에 가담한 무리가 만여 명이고 그들이 점령한 고을이 수십 군데에 이르고 있습니다. 지금 또 전주를 함락시켰는데, 이에 관군을 파견하여 그들을 토벌하라고 했지만, 이들은 죽기를 작정하고 대항해와 관군은 대패하여 무기를 상실했습니다. (중략) 우리나라에서 신식 훈련을 시킨 육군은 겨우 서울을 지킬 정도이며, 진치는 법조차 몰라 흉도들을 없애기가 어렵습니다. 수 개 부대를 속히 보내 우리 대신 토벌해주시고, 동시에 우리 군대에도 군무를 가르쳐주어 장래 스스로

일을 도모할 수 있게 해주십시오(박은식, 2021: 140 재인용).

　당시 조선 정부는 동학 농민군의 봉기에 대한 문제의 근원을 외면한 채 농민군을 비적당 또는 흉도로 몰아 외세의 힘을 빌려 진압하려고 하였다. 조선 정부는 자신들의 허물에 대한 책임을 지기는커녕 오히려 민란의 원인을 백성에게 돌려 그 죄를 뒤집어씌웠다. 최근 이태진 명예교수는 모 언론 기고문에서 조선 정부가 동학 농민군의 봉기를 진압하기 위해 청나라에 파병을 요청했다는 '자진 청병설(請兵設)'은 사실이 아니라고 한다. 조선 정부는 위안스카이의 강요를 네 차례 거절한 끝에 부득이 조건을 달아 청병했다고 한다. 그 조건이란 동학 농민군이 움직이지 않으면 청군은 상륙하지 못하며, 상륙하더라도 도성 500리 안은 들어오지 못한다. 왜, 청나라는 조선 정부에 진압군을 청병하도록 강요했을까? 동학 농민군의 반청(反靑) 기세를 꺾어 기울어 가는 한반도에서의 청나라의 영향력을 만회할 속셈이었다고 한다. 이 교수의 기고가 사실이라면 당시 조선 정부와 청나라는 동학 농민군의 진압을 위한 청병을 사전에 조율했다는 것을 알 수 있다. 이 부분의 역사적 사실에 대해서는 앞으로 분명히 짚고 밝혀내야 할 것이다. 역사의 카펫 아래 숨겨진 사실(史實)은 언젠가 세상에 진의(眞意)를 드러내기 마련이다.

　동아시아 3국(한국, 중국, 일본) 중 우리나라에서 민중항쟁이 활발했던 이유를 인구수에 비해 많은 교육기관과 백성들의 높은 교육열에서 찾는 학자도 있다. 유교 철학을 국가통치 이념으로 삼았던 조선에는 18세기에 600여 개의 서원이 있었는데, 인구 대비 서원의 밀도가 같은 시기 중국보다 10배 이상이었다. 서당 수도 인구수에 비해 많았는데, 1860

년대 전라도 임자도와 지도에는 각각 10여 개의 서당이 있을 정도였다. 최말단의 행정 단위에까지 설립된 교육기관과 한글과 같은 쉬운 문자 덕분에 소통이 원활할 수 있었고 백성들의 참여를 이끌 수 있었다는 주장이다(이나미, 2018). 우리나라가 세계에서 디지털혁명을 선도하게 된 것도 우연이 아니다. 우리 국민의 높은 교육열과 소통을 원활하게 하는 쉬운 한글이 있기 때문이다.

동학농민혁명의 정신은 현대 민주주의에서도 계승되어 살아 숨 쉰다. 2017년 3월, 박근혜 대통령을 대통령직에서 물러나게 한 이른바 '촛불혁명' 때 우리 국민은 '이게 나라야?'라는 피켓을 들었다. 동학농민혁명 때 농민군들은 피켓 대신에 죽창과 농기구를 들고 '이게 나라야?'라고 항거했다. 그렇게 모인 농민들이 많게는 이십만 명이 넘었다. '서면 백산(白山), 앉으면 죽산(竹山)', 즉 농민군이 '서면 흰옷으로 온 산이 덮이고, 앉으면 죽창이 산을 덮는다'라는 말이 나올 정도였다. 1987년 6월 항쟁과 2016년 촛불혁명 때 수십에서 수백만 명이 운집한 서울 한복판의 광화문 그리고 시청 광장은 전라도 '고부(古阜)'를 연상하기에 충분했다. 백성들이 입은 옷이 다르고 손에 든 도구가 달랐을 뿐이다.

'군주민수(君舟民水)'라는 말이 있다. '백성은 물이고 임금은 배이니 강물의 힘으로 배를 뜨게 하지만, 강물이 화가 나면 배를 뒤집을 수도 있다'라는 뜻이다. 왕조시대의 동학농민혁명이나 민주주의 시대의 시민항쟁은 '군주민수'가 결코 빈말이 아님을 보여준다. 백성은 행복과 기쁨을 상징하는 파랑새를 기다리며 인내하지만 무한정은 아니다. 왜 동학농민혁명이 우리나라 민주주의의 뿌리인가를 되돌아본다.

동학농민혁명은 이제 우리나라만의 역사로 기록되지 않는다. 동학농민혁명은 한국 민주주의의 근간을 넘어 자유, 평등, 인권, 정의라는 인류의 보편적 가치를 고양하고 세계사적으로 반제국주의, 민족주의, 근대주의 운동에 영향을 끼쳤다는 평가를 받으면서, 2023년 5월 동학농민혁명의 기록물이 유네스코 세계기록유산(Memory of the World)으로 등재되었다. 숭고하고 보편적인 가치는 언젠가 인정받는 법이다. 동학농민혁명의 의의와 교훈을 더 소중하게 계승, 발전시켜 나가면 좋겠다.

📖 박은식. (2021). 《한국통사》. 김승일 옮김. 파주: 범우사

이나미. (2018). "한국 민주주의의 뿌리로서의 '민란'". 한국민주주의 연구소. 28호.

이태진. (2023). 《중앙선데이》. 〈근대현대사 특강: 청일전쟁, 은폐된 진실 ① 일본군, 청과 싸우기도 전에 경복궁 담부터 넘었다〉. 1월 13일 – 14일.

이찬욱. (2008). "고전문학에 나타난 '파랑새(靑鳥)'의 문화원형 상징성 연구". 우리문학연구, 25권.

임상욱. (2021). "동학의 정체성 형성 과정에 미친 서학의 영향: 동학의 성장과 몰락". 동양학회, 59권.

조   광. (2003). "19세기 후반 서학과 동학의 상호관계에 관한 연구". 동양학회, 16권.

최래옥. (1986). "개화기 구비문학 연구". 한국학논집, 9권.

권병유. (2019). 《고대신문》. 〈지나쳐온 캠퍼스 공간, 생생한 역사의 산 증인〉. 5월 8일.

〈낙산이대성 관음 정취 조신(洛山二大聖 觀音 正趣 調信)〉. 국사편찬위원회.

동학농민혁명기념재단. 《녹두꽃》. 여름 52호.

동학농민혁명기념재단. https://1894.or.kr/main/

모뉴먼츠맨

화리생연(火裏生蓮), '불길 속에서 연꽃을 피우다'

6월 22일은 '문화재 지킴이의 날'이다. 임진왜란(1592~1598) 당시 호남의 선비 안의(安義)와 손홍록(孫弘祿) 등이 《조선왕조실록》을 전주 사고에서 내장산으로 이안(移安, 신주나 영정 따위를 다른 곳으로 옮겨 모심)한 날이다. 문화재는 보존할 만한 가치가 있는 문화유산을 말한다. 넓은 의미에서 보면 문화재는 형태를 갖춘 유형의 문화재에 국한하지 않는다. 사람의 눈에 보이지 않지만, 여러 세대를 거치는 동안 입에서 입으로 전해져 온 여러 가지 무형의 예술 활동과 인류학적인 유산, 민족, 법, 습관, 생활양식 등 민족적 또는 국민적인 체질의 본질을 표현하는 모든 것을 포괄한다(문화재청 국가문화유산포털). 우리나라의 〈국가유산기본법〉에서는 인위적이거나 자연적으로 형성된 국가적·민족적 또는 세계적 유산으로서의 문화재를 역사적·예술적·학술적 또는 경관적 가치가 큰 문화유산, 자연유산, 무형유산 등으로 구분한다. 〈문화재보호법〉에서는 유형문화재, 무형문화재, 기념물, 민속문화재로 구분한다. 문화재는 우리 삶의 근원을 알게 하는 뿌리이자 창의성의 원천이며 인류 모두의 자산이라는 점에서 후세에게 원형을 보존, 유지하여 물려주어야 할 소중한 유산이 아닐 수 없다.

　우리의 삶 자체가 곧 문화재라고 할 수 있다. 2023년 기준, 한국의 문화재 중 유네스코에 등재된 문화재는 얼마나 될까? 세계유산은 해인사 장경판전, 창덕궁, 산사(山寺), 갯벌 등 16건이다. 인류 무형유산은 종묘제례 및 종묘제례악, 판소리, 강강술래 등 22건이다. 세계기록유산은 훈민정음, 《조선왕조실록》 등 18건이다. 세계기록유산에는 KBS 특별생방송 '이산가족을 찾습니다'라는 기록물이 포함되어 눈길을 끈다. 전쟁의 참상을 전 세계에 고발하고 인권과 보편적 인류애를 고취한 생생한 기록물로서 높은 평가를 받았다고 한다.

　문화재를 지키기 위한 노력에는 비장미와 숭고미가 배어있다. 우리나라만이 아니라 외국도 마찬가지일 것이다. 1592년 조선이 일본의 침략을 받았을 때, 안의와 손홍록 등은 《조선왕조실록》을 지키기 위해 내장산으로 《조선왕조실록》을 옮기고 그곳에서 번갈아 불침번을 서며 《조선왕조실록》을 지켜냈다. 안의와 손홍록과 같은 문화재 지킴이 덕에 《조선왕조실록》은 유네스코 세계기록유산으로 등재되고 후세들이 조선 왕조의 역사에 대해 알 수 있게 되었다. 임진왜란 중에 《조선왕조실록》을 내장산으로 옮기고 지켜낸 감동에 대해서는 〈인문의 시리즈 ③〉《인문의 귀로 세상을 듣다》에서 다루었다.

　우리나라의 문화재를 지키기 위해 비장하고 절박한 심정으로 자신을 내던졌던 몇 사람의 모뉴먼츠맨(monuments man)을 소개하고자 한다. 모뉴먼츠맨은 제2차 세계대전 당시 연합국 측에서 예술품을 지키는 전담 부대로서 '모뉴먼츠맨'을 결성하였는데, 저자도 우리나라 문화재 지킴이를 모뉴먼츠맨으로 부르기로 한다. 전시에 목숨을 걸고 활약했던 모뉴먼츠맨들의 참여 동기는 '집을 모두 불태워 버리면 다시 돌아온다. 그러나 인류가 남긴 업적과 역사가 파괴된다면 존재한 근거조차 없어지고 만다'라는 평범한 서사에서 비롯됐다. 인류 문화는 곧 인류의 존재 방식을 말한다. 결국 우리나라 문화재는 곧 선조들의 삶과 존재 방식을 대변한다는 점에서 소중하고 후세에 물려줄 가치가 있는 것이다.

우선 떠오르는 대표적인 모뉴먼츠맨은 간송(澗松) 전형필(1906~1962)이다. 일제 강점시대에 간송은 우리의 문화재를 지키는 것이 곧 민족정신을 회복하는 것으로 생각했다. 간송은 사재(私財)를 털어 중요 문화재를 사들이면서 문화재가 일본으로 반출되는 것을 막았다. 특히 훈민정음해례본(국보 제70호, 유네스코 세계기록유산)은 간송의 노력으로 발굴되어 지켜지고 세상에 알려졌다. 훈민정음해례본은 우리나라 역사에 어떤 의미가 있는가? 훈민정음해례본은 33장 1책의 목판본으로 문자를 새로 만든 목적과 원리 그리고 글꼴을 결합하여 표기하는 방법을 상세하게 밝힌 책이다. 훈민정음해례본은 훈민정음의 사용 설명서이다. 《세종실록》 병인년(1446년) 9월 29일 자에는 '세종대왕이 한글을 창제한 후 집현전 학자들에게 훈민정음해례본을 만들도록 명했다'라고 기록되어 있다. 당시 예조판서 정인지(鄭麟趾, 1396~1478)가 작성한 서문의 일부를 옮겨본다.

... 지혜로운 사람은 아침나절이 되기 전에 이를 이해하고, 어리석은 사람도 열흘 만에 배울 수 있게 된다. 이로써 글을 해석하면 그 뜻을 알 수가 있으며, 이로써 송사(訟事)를 자세히 듣고 판단하면

그 실정을 알아낼 수가 있게 된다. (중략) 어디를 가더라도 통하지 않는 곳이 없어서, 비록 바람 소리와 학의 울음이든지, 닭 울음소리나 개 짖는 소리까지도 모두 표현해 쓸 수가 있게 되었다. (중략) 모든 해석과 범례(凡例)를 지어 그 줄거리를 서술하여, 이를 본 사람은 스승이 없어도 스스로 깨닫게 되는 것이다.

훈민정음해례본에서는 한글 창제의 원리를 밝히고 있다. 우리나라가 훈민정음해례본을 지키지 못했다면 어떻게 되었을까? 혁신적인 기계를 발명하고서도 매뉴얼이 없어 기계를 운용하지 못하는 것에 비유할 수 있을 것이다. 한글 창제 덕분에 우리 한민족은 민족의 정체성을 존속할 수 있었다고 본다. '언어는 존재의 집이다'라고 하지 않던가. 인간은 언어라는 장소에 거주한다. 언어가 바뀌면 사고체계도 생활양식도 바뀌게 된다. 결국 인간은 언어적 동물이며, 따라서 인간은 언어로 모든 상호작용을 한다. 언어는 문화의 기반이자 척추와도 같다(샤, 2022). 우리 몸이 척추를 중심으로 팔다리와 몸통이 붙어있는 것처럼 한민족의 문화는 한글과 긴밀한 상호작용으로 생성, 존속, 계승된다.

간송은 훈민정음해례본을 사들여 일제강점기가 끝날 때까지 비밀을 유지했다. 일제가 한글 사용을 금하고 한글을 탄압하는 엄중한 시국에 한글의 시조인 훈민정음해례본을 공개할 수 없었을 것이다. 훈민정음해례본의 당시 구매 가격은 1만 원이었는데, 기와집 수십 채에 해당하는 금액이었다. 간송이 문화재를 수집한 것은 소유가 목적이 아니라 민족정신의 올바른 계승을 위해서였다. "우리 문화재를 보호하기만 한다면, 우리 문화의 우수성을 증명하고 문예 부흥의 근거를 마련해 둘 수 있으니, 일시 국권을 상실하고 강압으로 문화 전통이 단절된다고 하더라도 크게 걱정할 것이 없다."

1938년 건립된 간송미술관은 전형필의 호를 땄다. 우리나라 최초의 사립미술관이다. 간송미술관은 국보 10여 점을 비롯해 고려청자, 불상, 부도, 석탑 등 다수의 우리의 귀중한 문화재를 보관하고 있다. 간송은 일제강점기에 일본인에게는 절대 개방하지 않았다. 간송이 문화재를 지키는 것은 그만의 독립투쟁의 방식이었다.

간송이 소유한 논은 800만 평(4만 마지기)이 넘었다. 한 해 쌀 수확이 4만 가마니(2만 석)에 달했다. 당시 논 한 마지기가 50원이었다고 하니 4만 마지기면 200만 원이다. 기와집 2천 채 값에 해당한다. 간송은 하늘이 내린 막대한 재산을 우리 문화재를 사들이고 보관하는 데 사용했다. 간송은 우리나라의 독립을 확신하고 빼앗겼거나 잃어버린 문화재를 찾아 사들이는 데 재산의 대부분을 사용했다. 세계적으로 간송 같은 모뉴먼츠맨도 드물 것이다. 훈민정음해례본을 간송본 또는 안동본이라고 하는데 이는 소유자의 이름을 딴 것으로 간송본은 문화재 지킴이 전형필에게 어울리는 말이다.

오늘날 해인사 팔만대장경이 온전하게 보관된 데에는 비사(秘史)가 전해진다. 6·25 전쟁이 한창이던 1951년 9월 18일, 당시 북한 인민군 패잔병 900여 명은 퇴로가 막히자 가야산에 숨어들었고 가야산 해인사를 은거지로 삼아 활동하고 있었다. 공군 제1전투비행단 소속 4기 편대장 김영환 장군(당시 대령, 1921~1954)은 "해인사와 그 인근 공비 소굴을 폭격하여 지상군을 밀접 지원하라"는 명령을 받았지만, 이 명령을 거부했다. 전투기는 네이팜탄을 장착하고 있었고, 공격 표적은 해인사

대적광전 앞마당이었다. 만약 작전 명령을 수행했다면 네이팜탄 한 발로도 사찰 전체는 물론 팔만대장경판은 잿더미가 되었을 것이다. 전투기들은 편대장이 내린 수정 명령으로 해인사 경내를 폭격하는 대신, 주변의 북한군에게 기관총으로 공격하였다. 명령에 살고 명령에 죽는 군인이 명령 불복을 하는 것은 곧 자신의 모든 것을 내던지는 것이다.

해인사 폭격 명령을 불복하고 해인사 인근에 폭탄을 퍼부은 후 복귀한 김영환 대령은 군법회의에 넘겨졌다. 미군 고문관이 주재한 군법회의에 불려 나간 김영환 대령은 "사찰이 국가보다 중요한 것은 아니지만, 공비보다는 사찰이 더 중요하다. 공비는 일정한 전선도 없이 물러나고 침입하기를 반복하는 유동물(流動物)에 불과한데 사찰을 공격하는 것이 무슨 의미가 있겠느냐"라고 반문하였다. 김영환 대령은 제1차 세계대전 당시 프랑스군이 파리를 보호하기 위해 독일군에 순순히 항복한 사실과 영국인들이 인도를 잃더라도 셰익스피어와는 바꾸지 않겠다고 말한 예를 들면서 "태평양 전쟁 때 미군이 일본 교토(京都)를 폭격하지 않은 것은 교토가 일본 문화의 상징이라 생각했기 때문이 아니겠는가. 마찬가지로 우리 민족도 파리와 인도하고도 바꿀 수 없는 세계적 보물인 팔만대장경을 가지고 있다. 수백 명의 공비를 소탕하기 위하여 소중한 문화재를 잿더미로 만들 수 있겠는가?"라고 반문하였다.

김영환 장군 덕분에 전쟁의 참화 속에서도 해인사와 팔만대장경, 장경판전이 지켜졌다. 매년 가야산 해인사 대적광전에서는 특별한 추모제가 열린다. 김영환 장군을 기리는 행사다. 스님들과 공군 장병들이 나란히 법당에 앉아 있는 모습은 생소하지만, 김영환 장군으로 인해 맺어진 해인사 팔만대장경과 공군 사이의 깊은 인연 때문이다. 2023년 10

월, 해인사는 공군이 팔만대장경을 지켜낸 김영환 장군을 추모하고 그 뜻을 기리기 위해 해인사 경내에 장군의 흉상을 조성, 봉안하기로 한 것에 동의했다. 사찰에 세속적인 인물의 흉상이 들어서는 것은 흔치 않은 일이다. 그만큼 해인사에서는 김영환 장군이 우리의 소중한 문화유산을 지켰을 뿐 아니라 국민의 존경을 받을 인물로 평가하고 있다.

덕수궁도 6.25 전쟁으로 파괴당할 뻔했다. 1950년 9월 25일, 인천상륙작전의 성공으로 유엔군과 국군이 서울 시가전에 돌입했다. 당시 미 육군 포병 중위 제임스 해밀턴 딜은 덕수궁에 북한군 수백 명이 집결해 있다는 보고를 받았다. 덕수궁에 포격하면 수백 명의 적군을 한순간에 괴멸시킬 수 있었지만, 그는 끝내 포격을 명령하지 않았다. 그의 회고담을 인용한다.

> 오랜 역사를 지닌 한 국가의 유물인데 나의 '포격 개시'란 말 한마디로 불과 몇 분 안에 사라지게 만드는 것이다. 나는 순간, 이를 그대로 처리하여 포격하는 것은 내 양심이 허락지 않았다. 나는 동료인 앤더슨 대위와 상의했다. 그도 나와 같은 의견이었다. 그와 나는 제2차 세계대전 당시 있었던 비슷한 경우의 몬테카시노성의 파괴에 관해서도 이야기를 나누었다.

훈민정음해례본과 해인사 팔만대장경을 지킨 사람은 대한민국 사람이다. 우리의 문화재를 우리나라 사람이 지키고 보호하는 것은 쉽게 이해할 수 있지만, 덕수궁을 지킨 사람이 외국 군인이라는 점에서 더 주목하게 된다. 자기 나라의 문화재가 소중하면 다른 나라의 문화재도 소중하다는 보편적인 인류애이다. 유네스코에서 세계문화유산으로 지정하고 보호하는 취지 역시 국경과 국적을 초월하여 인류가 후손에게 물려줄 문화재를 보존하고자 하는 것이 아니겠는가.

화리생연(火裏生蓮). '불길 속에서 연꽃을 피운다'라는 뜻이다. 폭력과 야만이 난무하던 시대에 인류의 보편적 가치의 보호를 우선시했던 조선시대 안의와 손홍록, 일제강점기의 간송 전형필, 6.25 전쟁 중의 김영환 대령과 제임스 해밀턴 딜 중위는 우리 문화재를 지킨 대표적인 모뉴먼츠맨으로 기억될 것이다. 그들은 불길 속에서 연꽃을 피운 위대한 인간성의 소유자로 국적을 초월하여 존경받아 마땅하다. 이들뿐이겠는가. 인류의 찬란한 문화는 알려지지 않은 모뉴먼츠맨들의 헌신과 희생이 있기에 지켜져 왔고 앞으로도 지켜질 것이다. 수성이 창업보다 어렵다는 말이 있다. 문화재를 형성하는 것보다 문화재를 보존·관리하며 그 원형을 유지하기는 더 어려운 일이다.

📖 샤, 비카스. (2022). 《생각을 바꾸는 생각들》. 임경은 옮김. 서울: 인플루엔셜.

이충렬. (2010). 《간송 전형필》. 파주: 김영사.

이지관. (1992). 《가야산 해인사지(誌)》. 서울: 가산불교문화연구원.

권오영. (2023). 《법보신문》. 〈공군, 해인사 팔만대장경 지킨 김영환 장군 흉상 조성〉. 10월 6일.

보 일. (2023). 《경향신문》. 〈팔만대장경을 지켜낸 김영환 장군을 추모하며〉. 7월 8일.

서민영. (2023). 《조선일보》. 〈[숨어있는 세계사] '모뉴먼츠맨' 조직해 나치 약탈 문화재 되〉. 6월 28일.

안직수. (2005). 《불교신문》. 〈일제치하 문화재 지켜낸 '문화 독립투사'〉.

8월 10일.

〈폭파 위기의 덕수궁〉. 국방군사연구소.

〈모뉴먼츠맨: 세기의 작전〉. (2014). 영화

에든버러(Edinburgh)
스코틀랜드의 브레이브 하트

저자가 스코틀랜드와 에든버러에 관심을 가지게 된 것은 고려대학교 박춘호(朴椿浩, 1930~ 2008) 교수님 덕분이다. 박 교수님은 1996년 국제해양법재판소(ITLOS)의 초대 재판관으로 선출되는 등 국제해양법 전문가로 이름을 날렸다. 그의 자전적 수필《지리산골에서 세계의 바다에서》는 불우한 환경을 극복하고 꿈을 향해 도전하는 한 인간의 모습을 담았다. 스코틀랜드 에든버러대학에서 공부한 박 교수님은 우리나라에서 불모지나 다름없었던 국제해양법 분야를 개척하고 대학에서 후학들을 양성했다. 학문 세계에서 석학(碩學)이란 명예로운 칭호를 받으려면 박 교수님 정도는 되어야 한다고 생각하고 있다. 저자는 생전의 박 교수님을 몇 번 뵙고 말씀을 듣는 기회가 있었는데 너무나 소탈하고 배려심이 많은 분이셨다. 그런 인간성이 빈농의 아들로 태어나 가난한 시기를 보내면서 다른 사람의 입장을 먼저 헤아리는 역지사지(易地思之)의 인격으로 승화되었을 것으로 생각한다.

브리튼 섬의 북부에 위치한 스코틀랜드는 잉글랜드, 웨일스, 북아일랜드와 함께 '그레이트브리튼 북아일랜드 연합왕국(UK)'의 일원이다. 그러나 스코틀랜드인들은 영국의 대다수 국민과 자신들의 뿌리가 다르다고 생각한다. 역사적, 문화적 배경과 기질도 다르다고 본다. 스코틀랜드인들이 그렇게 생각하는 데는 그만한 이유가 있다. 로마가 세계를 호령하며 '모든 길은 로마로 통한다'라는 시기에 잉글랜드와 웨일스는 로마의 지배를 받았지만, 스코틀랜드는 로마의 지배를 거부하고 격렬하게 저항하면서 독립을 지켜냈다. 스코틀랜드인들은 로마인들조차도 점령을 포기할 정도로 강인한 저항정신을 가졌다. 오죽했으면 로마가 스코틀랜드를 경계로 120여km에 달하는 성벽을 쌓았을까. 로마 황제의 이름을 딴 '하드리아누스 성벽'이다. 중국에 만리장성이 있다면 스코틀랜드에는 하드리아누스 성벽이 있다.

스코틀랜드 왕국은 834년에 성립됐다. 스코틀랜드와 국경을 맞대고 있는 잉글랜드는 경제력, 군사력, 인구 등 모든 면에서 우위에 있었는데, 북쪽의 스코틀랜드를 병합하기 위해 끊임없이 침략 전쟁을 일으켰다. 1296년은 스코틀랜드가 잉글랜드에 나라의 운명을 뺏기느냐를 결정하는 분기점이 되었다. 그때 스코틀랜드 왕은 알렉산더 3세(King Alexander Ⅲ)였다. 알렉산더 3세는 잉글랜드의 빈번한 침공을 잘 막아냈지만, 낙마 사고로 급사했다. 불행하게도 그의 후손들도 일찍 죽었다. 유일한 후손은 딸이 노르웨이 왕에게 시집가서 낳은 마가릿이란 세 살배기 외손녀였다. 스코틀랜드 영주들은 알렉산더 3세의 유일한 혈통인 마가릿을 국왕으로 내세우고 대리인을 통해 섭정 통치를 했다. 왕조시대에는 후계 계승이 안정적으로 이어질 때 국가를 존속할 수 있다.

호시탐탐 스코틀랜드를 병합하려는 잉글랜드의 에드워드 1세는 스코틀랜드 왕국의 왕위계승에 따른 혼란을 틈타 그의 아들 에드워드 2세를 마가릿과 약혼시켰다. 그러나 마가릿이 노르웨이에서 스코틀랜드로 가던 도중에 사망했다. 스코틀랜드 왕가의 정통 혈통이 완전히 끊어지고 말았다. 왕위계승 내분이 일어났다. 잉글랜드는 존 베일리얼(John Balliol)을 스코틀랜드 왕으로 세웠다. 베일리얼은 에드워드 1세를 스코틀랜드 최고 영주로 대우해주기로 약속했다. 사실상 스코틀랜드가 잉글랜드의 속국임을 인정하는 조치였다.

에드워드 1세는 베일리얼을 스코틀랜드 국왕으로 세워놓고 국정에 사사건건 개입하고 영토의 일부를 떼어 갔다. 잉글랜드는 프랑스와 전쟁을 벌이면서 병력을 지원하라고는 요구하기까지 했다. 에드워드 1세의 허수아비가 된 베일리얼 왕은 프랑스 왕 필리프 4세와 비밀 동맹을 맺고 잉글랜드 북부를 공격했지만 패배했다. 1296년 베일리얼은 재위 4년 만에 폐위되고 런던탑에 유폐되었다. 에드워드 1세는 스코틀랜드 왕실의 상징인 스콘석(stone of Scone)을 가져가 사실상 스코틀랜드를 병합시켰다.

스콘석은 단순한 돌이 아니다. 이 돌은 길이 66cm, 너비 43cm, 높이 27cm에 무게 150kg의 붉은 사암으로, 9세기 초부터 스코틀랜드 국왕의 대관식에 사용됐다. 이 돌에 관한 이야기는 구약 창세기의 야곱 때까지 거슬러 올라간다. 형의 위협을 피해 도망을 다니던 야곱이 해가 저물어 벧엘(Bethel)이라는 곳에서 잠을 자면서 베개로 삼았던 돌이라고 한다. 그 의미를 알게 되면 기독교 국가에서는 누구나 갖고 싶은 성물(聖物)이다. 1296년 잉글랜드 에드워드 1세가 전리품으로 빼앗은 뒤 잉글랜드 국왕의 대관식에 사용되다 1996년에 이르러서야 스코틀랜드로 영구 반환됐다. 다만, 영국 국왕 대관식 때는 다시 웨스트민스터 사원으로 가져온다는 조건이었다. 1950년대에 스코틀랜드 민족주의자들이 웨스트민스터 사원에 보관된 '스콘석'을 훔친 사건이 발생했다. 범인들은 밝혀졌고 돌은 제자리로 돌아왔지만, 이 사건은 스코틀랜드 국민에게 스코틀랜드 분리주의 운동을 각인시키는 계기가 되었다고 한다.

잉글랜드가 스코틀랜드를 병합했지만, 스코틀랜드인들은 잉글랜드의 식민 통치를 고분고분 따르지 않았다. 로마도 스코틀랜드 점령을 포기하지 않았던가. 그때 스코틀랜드 민중의 영웅 윌리엄 월리스(1270?~1305)가 등장한다. 월리스는 그의 아내를 욕보인 잉글랜드 치안대장을 살해한 이후 산발적인 저항운동을 벌였는데, 1297년 스털링 다리 전투(Battle of Stirling Bridge)에서 압도적인 군사력을 보유한 잉글랜드군을 무찔렀다. 지리적 이점을 이용한 전략과 정신력에서 앞선 대승이었다. 스털링 다리 전투에서 대승을 거둔 후, 스코틀랜드 영주들은 월리스에게 '스코틀랜드의 수호자(Guardian of Scotland)'라는 지위를 부여했다. 월리스는 스코틀랜드군과 민병대의 지휘자로서, 런던탑에 갇힌 베일리얼 왕의 대리통치자 역할을 맡게 되었다. 월리스가 잉글랜드를 상대로 항상 승리한 것은 아니었다. 1298년 월리스는 폴커크 전투(Battle of Falkirk)에서 잉글랜드군에 참패했다. 이 전투에서 패배한 결과로 스코틀랜드 영주들은 월리스에게서 '스코틀랜드의 수호자' 칭호를 박탈하고 잉글랜드 에드워드 1세와 협상을 시도한다.

월리스는 참패 이후 잠적하다 내부고발로 잉글랜드군에 체포됐다. 1305년 잉글랜드는 월리스를 처참하게 죽였다. 잉글랜드는 월리스에게 그의 사지를 밧줄에 묶어 말이 각각 네 방향으로 출발해 네 조각으로

찢어 죽이는 거열형(車裂刑)을 내렸다. 월리스의 목을 런던 거리에 매달 았고, 팔과 다리는 스코틀랜드 국민의 눈에 잘 띄는 곳에 걸어놓았다. 잉글랜드에 반역하면 어떻게 되는가에 대한 경고의 메시지였다. 그러나 잉글랜드의 일벌백계 전략은 엄청난 역효과를 가져왔다. 잉글랜드가 스코틀랜드의 수호자요 군사 지도자였던 월리스를 능지처참(陵遲處斬)의 형벌을 내린 것도 부족하여 시신을 효수(梟首)한 것은 스코틀랜드인들의 엄청난 분노와 저항 의식을 불러일으켰다.

월리스가 스코틀랜드 국민에게 남긴 가장 위대한 유산은, 잉글랜드의 폭정에 맞서 국가를 독립시켜야겠다는 단호한 의지와 할 수 있다는 자신감을 심어준 것이었다. 그리고 약소국인 스코틀랜드가 단합하면 얼마든지 승리를 쟁취할 수 있다는 사실이었다. 이 역사적 사실에 근거하여 제작된 영화가 멜 깁슨이 감독하고 주연을 맡은 〈브레이브 하트〉다 (이 영화는 역사적 사실에 근거하였지만, 확인되지 않은 전설이나 야사를 지나치게 미화시켜 각색했다는 비판을 받고 있다).

월리스 사후 잉글랜드의 스코틀랜드에 대한 간섭과 폭정은 계속됐다. 스코틀랜드 귀족들의 왕위 계승 싸움도 계속되었다. 에드워드 1세는 잉글랜드를 위해 꼭두각시 역할을 할 수 있는 사람을 스코틀랜드 왕으로 세우려고 했지만 마음대로 되지 않았다. 오히려 잉글랜드의 통치에 반기를 든 로버트 더 브루스(1274~1329)가 왕이 되었다. 스코틀랜드의 '로버트 1세'다. 로버트 1세를 스코틀랜드 국왕으로 인정하지 않은 잉글랜드는 스코틀랜드를 침략했다. 잉글랜드는 막대한 현상금을 걸고 브루스 체포령을 내렸다. 브루스는 스코틀랜드의 험준한 지형을 이용하면서 잉글랜드의 침략을 견뎌냈다. 1314년에는 스코틀랜드가 배넉번(BannockBurn)

전투에서 잉글랜드를 격파하고 대승을 거뒀다. 잉글랜드는 브루스가 스코틀랜드 왕이 되고 30년이 지난 뒤에야 왕으로 인정했다. 그리고 1328년 잉글랜드가 스코틀랜드 독립을 보장하는 조약을 체결했다.

두 나라는 때때로 왕족들끼리 결혼해 동맹 관계를 맺으면서 연합왕국을 이어나갔다. 두 나라 역사에 대반전이 일어났다. 1603년 잉글랜드의 엘리자베스 1세(Elizabeth I)가 후계자 없이 갑자기 세상을 떠나자, 잉글랜드 왕은 혈연관계에 있던 스코틀랜드 왕이 차지하게 됐다. 그가 바로 제임스 6세(James Ⅵ, 1567~1625)다. 제임스 6세는 로버트 1세의 후손이다. 잉글랜드와 스코틀랜드가 같은 군주의 통치를 받는 시대가 된 것이다. 1707년 두 나라는 연합법을 제정해 단일 의회를 만들어 마침내 연합왕국으로 새롭게 태어났다. 오늘날 영국의 국기는 스코틀랜드와 잉글랜드의 국기를 합한 것이다. 역사의 대단한 아이러니가 아닐 수 없다. 잉글랜드는 스코틀랜드를 차지하려고 숱한 전쟁을 일으키고, 스코틀랜드는 잉글랜드의 폭정과 식민 통치에 맞서 치열한 독립전쟁을 전개하여 독립을 쟁취하였지만, 스코틀랜드 왕이 잉글랜드 왕을 겸하면서 두 나라는 통합되었다.

어떻게 스코틀랜드 왕과 잉글랜드 왕을 겸하는 국왕이 탄생하게 되었을까? 1603년 잉글랜드의 엘리자베스 1세가 죽었을 때 여왕을 이를 후계자가 없었다. 제임스 6세가 엘리자베스 1세의 종손 자격, 즉 제임스 6세의 증조모이자 외증조모 마거릿이 잉글랜드 왕 헨리 7세의 딸이며 엘리자베스는 헨리 7세의 손녀이기에 제임스는 잉글랜드 왕위계승권을 보유하게 되었다. 이로써 스코틀랜드 왕이 잉글랜드 왕위에 오르게 된 것이다. 제임스 6세는 잉글랜드에서는 제임스 1세라고 불렸다.

1707년 그레이트브리튼 왕국(Kingdom of Great Britain)으로 통일되어 하나의 국가가 될 때까지 잉글랜드와 스코틀랜드는 한 명의 왕 아래에서 서로 다른 의회와 정부를 운영했다. 역사가들은 이런 왕국을 '왕관연합(Union of the Crowns)' 혹은 '동군연합(同君聯合)'이라고 불렀다.

스코틀랜드와 잉글랜드가 하나의 왕실로 통합될 것이라는 생각은 꿈에도 상상하기 어려웠다. 이 역사적 무대에는 윌리엄 월리스와 로버트 더 브루스라는 걸출한 영웅이 등장한다. 월리스가 스코틀랜드인들의 자긍심과 저항의식을 고취했다면, 브루스는 오랫동안 잉글랜드를 상대로 독립전쟁을 이끌면서 독립을 쟁취했다. 저자가 생각할 때, 브루스는 잉글랜드로부터 독립을 위해 월리스와 함께 싸웠지만, 월리스만큼 스코틀랜드 독립에 대한 신념이나 확신이 뚜렷하지 않았던 것 같다. 심지어 브루스는 에드워드 1세에게 충성서약을 할 정도였다. 스코틀랜드의 대표적인 귀족 출신인 로버트 1세는 그가 가졌던 기득권을 지키려고 했을지도 모른다. 그랬던 그가 대다수 귀족의 반대에도 불구하고 스코틀랜드의 왕으로 추대되어 독립전쟁의 구심점으로 잉글랜드와 장기전을 펼쳐 독립을 쟁취했다. 브루스는 풍찬노숙(風餐露宿)에 가까운 생활을 하며 독립 전쟁을 이끌었다. 영화 〈아웃로 킹〉에서는 스코틀랜드 왕 로버트 더 브루스가 고난과 역경을 극복하면서 어떻게 스코틀랜드인들을 단합시켜 강대국 잉글랜드에 저항하고 독립을 쟁취했는가를 보여준다.

로버트 더 브루스에 관한 책이나 영화에서는 거미와 거미줄이 등장한다. 브루스가 도망자 신세로 동굴에 피신하고 있을 때, 입구에서 거미가 거미집을 짓는데 한 번에 완성하지 못하고 여러 번 실패를 거듭하면서 결국에는 거미집을 완성하는 것을 보았다. 집 짓는 선수인 줄 알았던 거미도 한 번에 집을 완성하지 못했다. 브루스는 거미가 숱한 시행착오를 겪으면서도 포기하지 않고 마침내 목표를 달성하는 것을 보면서 많은 용기를 얻었다고 한다. 브루스는 거미의 행동을 보면서 동굴에서 동료로부터 배신을 당하고 쫓기는 신세로 전락해 고난과 역경에 놓여 있는 자신을 깊이 성찰하고 다시 조국의 독립을 위해 자신을 내던질 결심을 하게 되었다고 한다. 때에 따라서는 인간보다 하등 동물로부터 더 깊은 영감과 통찰력을 얻을 수 있다.

스코틀랜드를 이해하기 위해서는 에든버러가 스코틀랜드 역사에서 차지하는 의미를 알아야 한다. 그만큼 에든버러의 역사는 스코틀랜드 역사에서 중요한 위치를 차지한다. 그리고 에든버러를 알기 위해서는 에든버러 성 입구 동상으로 서 있는 윌리엄 월리스와 로버트 더 브루스에 대해 알아야 한다. 스코틀랜드인들은 두 사람을 국민적 영웅으로 추앙하며, 그들은 스코틀랜드의 전설이 되었다.

21세기에도 스코틀랜드가 영국으로부터 분리독립하려는 노력은 계속되고 있다. 2014년 스코틀랜드는 영국으로부터 분리독립하기 위해 주민투표까지 했는데, 55%가 반대해 독립이 무산됐다. 경제로만 따지면 영국은 스코틀랜드를 품고 있는 큰 집 역할을 한다. 영국의 경제적 힘이 강할 때 스코틀랜드는 분리독립의 꿈을 숨죽이고 있다, 영국 경제가 불황을 겪으면 다시 꿈틀거린다. 분리독립의 발단은 1970년대 북해에서 유전이 발견되면서 현실화됐다. 스코틀랜드가 분리독립에 성공한다면, 북해 유전은 스코틀랜드의 몫이 된다. 또한 브렉시트, 즉 영국이 유럽연합(EU)에서 탈퇴하면서 스코틀랜드는 영국에서 분리독립하여 독자적으로 EU에 가입하려는 움직임이 강력해졌다.

영화 〈007〉에서 제임스 본드 역을 맡았던 숀 코네리(Sean Connery, 1930~2020)도 에든버러 출신이다. 그는 2000년에 영국 정부로부터 기사(Knight Bachelor) 작위를 받았다. 2014년 스코틀랜드 분리독립 투표 때 독립운동의 열성적인 지지자로 전면에 나서기도 했다. 기사 작위는 영국 왕에게 충성한다는 서약을 하지만, 조국의 분리독립을 결정하는 투표에서는 찬성표를 던졌다. 마치 브루스가 에드워드 1세에게 충성서약을 한 뒤 스코틀랜드의 독립전쟁을 펼쳤던 역사와 데자뷔 된다. 에든버러는 스코틀랜드의 브레이브 하트 발원지면서 오늘날에도 그 역할을 하고 있다.

마지막으로 저자는 스코틀랜드와 잉글랜드의 관계는 곧 우리나라와 중국과의 관계로 비유하고 싶다. 특히 왕조시대에 중국은 우리나라를 속방으로 간주하고 왕과 왕세자의 즉위를 승인하는 절차를 밟게 했으며 온갖 내정에 간섭하려 들지 않았는가. 잉글랜드도 스코틀랜드를 속방으로 여기고 왕위계승에 이르기까지 사사건건 개입했다. 우리나라의 민족정신은 여러모로 스코틀랜드와 매우 유사하다. 우리 민족은 중국이 일으킨 숱한 전쟁과 침략을 끈질기고 강인한 정신력으로 막아냈다. 그때 우리 민족은 경제력, 군사력, 인구 등 국력에서 어느 것 하나 중국에 우세한 것이 없었다. 침략자의 압도적인 군사력조차 민족의 저항정신과 독립 의지를 지배하지 못하는 법이다. 에든버러가 스코틀랜드의 브레이브 하트라면, 한국은 동아시아의 브레이브 하트로 비유할 수 있을 것이다.

박춘호. (1998).《지리산골에서 세계의 바다에서》. 서울: 문학사상사.

이영석. (2000). "잉글랜드와 스코틀랜드". 한국사회조사연구소 제1권.

홍성표. (2008). "윌리엄 월레스와 스코틀랜드의 독립 전쟁". 서양중세 사연구, 22호.

김인영. (2018).《오피니언뉴스》.〈스코틀랜드 독립 영웅 윌리엄 월리스〉. 8월 22일.

홍희경. (2021).《서울신문》.〈7년 전과는 다르다 … 분리독립 목소리 커진 스코틀랜드〉. 5월 10일.

〈브레이브 하트〉. (1995). 영화.

〈브레이브 하트 2〉. (2019). 영화.

〈아웃로 킹〉. (2018). 영화

제3부

예(禮)_사양지심(辭讓之心)
겸손하여 남에게 사양할 줄 아는 마음

비굴했던 권세가
① 고려 이자겸과 영광 굴비

전라도 영광은 예부터 돈이 많았다. 법성포 앞 칠산바다에서 잡힌 조기 때문이다. 전라도 지방의 뱃노래에 "돈 실로 가자. 돈 실로 가자. 칠산바다로 돈 실로 가자"라는 노래가 있을 정도였으니 영광, 그것도 법성포에는 돈이 넘치는 지역이었던가 보다. 영광은 조기와 같은 물산뿐 아니라 정신문화도 넘쳤다. 영광(靈光)은 글자 그대로 '신령스러운 빛'이라는 이름값처럼 우리나라 4대 종교 유적지로 알려졌다. 백제 시대 불교의 최초 도래지일 뿐 아니라 원불교 발상지인 영산성지, 천주교, 기독교 순교지 등 종교 문화유산을 품고 있다. 법성포(法聖浦)는 '불법(佛法)을 전파한 인도의 승려 마라난타(聖人)가 도착한 포구'라는 의미다. 영광에 원자력발전소(한빛원자력발전소)가 들어선 것도 '빛'을 품은 지역과 무관하지 않을 듯하다. 한빛원자력발전소는 유일하게 서해안의 전라도에 자리 잡고 있다.

조선 시대 《중종실록》에는 "영광은 불갑산과 모악산이 둘러싼 넓은 들판을 가진 풍요로운 고장이다. 서해의 칠산바다로 열려 있어서 바닷가의 물고기와 소금이 많이 나는 고을이다"라고 기록하고 있다. 조선 후기 흥선대원군은 '호불여영광(戶不如靈光)', 즉 영광은 가구 수와 인구가 많은 풍요로운 고장이라고 불렀다. 특히 쌀, 소금, 목화, 눈이 많아 사백(四白)의 고장으로도 알려졌다.

굴비 이야기를 하려면 조기에 대해 알아야 한다. 조기는 민어과로 몸 길이가 30cm 정도이고 꼬리자루는 가늘고 길며 몸빛은 회색을 띤 황금색이다. 입술은 불그스름하다. 봄에 알을 낳으며, 산란기에는 몸 빛깔이 선명해지고 무리를 지어 수면 가까이 올라와 큰 울음소리를 낸다. 성수기에는 조기 떼 우는 소리에 잠을 설쳤다고 할 정도다. 조기는 참조기, 보구치(백조기), 수조기, 부세, 흑조기 등으로 나뉜다. 조기는 머리에 돌이 있어 우리말로 석수어(石首魚)라고 하는데, 한자어로는 조기 종(鯼)자를 써 종어(鯼魚)라고 쓴다. 중국어의 종어라는 음이 급하게 발음되면서 '조기'로 변하였다고 한다. 굴비는 참조기를 소금으로 절여서 법성포의 바닷바람에 말린 것이다(한국민족문화대백과사전).

조기가 굴비가 된 일화는 여러 갈래가 있지만, 호기심을 끄는 것은 고려 예종, 인종 때의 외척이자 세도가였던 이자겸과 굴비와의 관계다. 이자겸은 예종과 인종 시기 나라를 자기 손안에서 쥐락펴락할 정도의 절대권력을 휘두르며 국왕 이상의 부귀와 권세를 누렸다. 얼마나 대단한 위세를 떨쳤던지 외손자 인종에게 자신의 두 딸을 시집보내는 파렴치한 짓도 서슴지 않았다. 이자겸은 인종의 외조부 겸 장인이었다. 이런 경우는 세계사적으로도 찾아보기 힘들 것이다. 자기 생일을 인수절(仁壽節)로 정하고 국가적인 경축 행사로 치렀다. 고려에 이자겸이 있다면 조선에는 한명회가 있다. 한명회는 조선 초기 세조, 예종, 세종 시대 최고의 권력을 누렸다. 한명회도 딸들을 예종과 성종에게 시집보내 국왕의 장인으로서 권세를 누렸다. 하늘을 나는 새도 떨어뜨리는 권세를 누리던 이자겸은 십팔자(十八子), 즉 이(李)씨 성을 가진 사람이 임금이 된다는 참위설(讖緯說)을 믿어 왕위 찬탈까지 시도하다 실패하는 등 전횡을 휘두르다, 결국 외손자 겸 사위인 인종에 의해 영광으로 유배형을 당했다.

이자겸은 영광 유배지에서 조기 맛에 반했나 보다. 그는 인종에게 조기를 진상하면서 손자에게 조기를 진상하지만 비굴하게 살지 않겠다는 의지의 표현으로 '굴비(屈非)'라고 적어 보냈다. 외손자이자 사위에게 조기 꾸러미를 보내면서 아무리 귀양살이하는 처지이지만 '너에게 잘 보이려고 선물을 보내는 것이 아니다'라는 의미를 부여하였다. 우리나라 유배역사를 볼 때 유배지에서 지역특산물을 국왕에게 진상했다는 이야기는 처음 들어본다. 이자겸의 위상을 실감한다.

조기가 굴비가 된 다른 이야기도 전해온다. 조기를 염장하고 짚으로 묶어 말리면 조기의 몸이 자연스럽게 구부러지는데 이 모습을 보고 구부러진 조기라는 의미로 '구비(仇非)'라고 했던 것이 '굴비(屈非)'로 변했다는 것이다. 굴비가 '굴비(屈非)'에서 유래했든 구부러진 모양의 '구비(仇非)'에서 시작되었든 조기는 '기운을 내게 도와주는 생선'임에 틀림없다. 밥도둑이라는 말이 괜히 나왔겠나 싶다. 전주에 사는 누이는 조기를 먹어야 힘이 나고 컨디션을 유지한다고 한다. 조기의 본래 뜻대로 누이와는 음식궁합이 잘 맞는다.

시인 정호승은 〈굴비에게〉라는 시에서 부조리한 현대 사회를 해학적으로 은유하는 데 굴비를 동원하고 있다. 굴비와 비굴의 대조법을 사용하여 비굴한 인생을 살지 말자고 한다.

부디 너만이라도 비굴해지지 말기를

강한 바닷바람과 햇볕에 온몸을 맡긴 채

꾸덕꾸덕 말라가는 청춘을 견디기 힘들지라도

오직 너만은 굽실굽실 비굴의 자세를 지니지 않기를

무엇보다도 별을 바라보면서

비굴한 눈빛으로 바라보지 말기를

돈과 권력 앞에 비굴해지는 인생은 굴비가 아니다

내 너를 굳이 천일염에 정성껏 절인 까닭을 알겠느냐

영광 칠산바다의 어민들은 약속을 지키지 않는 사람을 '조기만도 못
한 놈'이라고 한다. 회유 어종인 참조기는 항상 정확한 시기에 돌아왔
다. 조기 떼는 제주도 남서쪽에서 겨울을 나고 2월이면 서해안을 따라
북상하여 3월경 칠산바다에 이르러 산란을 시작, 양력 4월 20일 곡우
(穀雨)가 되면 어김없이 칠산 앞바다에 나타났다. 조기는 약속을 잘 지
켜 어부들이 존경하는 고기라고 한다. 굴비에는 유배지에서도 건재함을
과시하고자 했던 이자겸의 비굴한 탐욕이 스며들어 있지만, 굴비를 먹
을 때 조기처럼 약속을 지키며 비굴하게 살지 않기를 다짐해 보는 것은
어떨지 싶다.

📖 정성희. (2000). 《인물로 읽는 고려사》. 서울: 청아출판사.
《영광신문》. (2021). 〈영광 사람도 모를 영광 이야기, 여기 다 있다〉. 1월
4일.

비굴했던 권세가
② 대(代)를 이어 주인을 문 개, 홍복원 일가(一家)

인류 역사에서 한 집안이 3대에 걸쳐 조국을 배신하고 침략의 앞잡이 노릇을 한 사례는 흔치 않을 것이다. 흔치 않은 역사가 고려 왕조에서 벌어졌다. 3대에 걸친 만행은 몽골(원나라)의 고려 침략 시기(1231~1270)와 겹친다. 홍복원(洪福源, 1206~1258) 가계(家系)를 두고 하는 말이다. 홍복원의 가계는 아버지 홍대순(洪大純)과 아들 홍다구(洪茶丘) 등 3대에 걸쳐 고려를 괴롭히고 자신의 영달을 꾀했다. 질긴 악행의 세습이다. 홍복원의 가계에는 권력자에게 빌붙어 약한 자를 괴롭히는 유전자가 세습되었나 보다. 아버지 홍대순은 몽골군이 강동성(江東城, 평양 동쪽 강동군에 있던 성)으로 쫓겨 왔던 거란의 잔당을 칠 때, 마중 나가 몽골군에 투항했다. 아들 홍복원은 몽골의 제1차 침입 때 인주(麟州, 현재의 평안북도 의주)의 도령(都領, 지역의 군대를 통솔하는 최고 지휘관)으로 있었는데, 그는 솔선하여 주(州)와 현(縣)의 군민들을 거느리고 몽골군 사령관 살리타이(撒禮塔)에게 투항했다. 손자 홍다구(洪茶丘)는 고려와 일본이 내통하고 있다는 거짓 정보를 원나라 황제에게 올려 원나라가 일본 정벌에 나서게 했다.

고려를 배신하고 원나라에서 입지를 다진 홍복원의 권력욕과 만행은 끝이 없었다. 홍복원은 원나라에서 승승장구하며 마음 놓고 고려를 모함하고 침략의 구실을 만들고 고려에 해악이 되는 갖은 술수를 꾸몄다. 그는 1233년 필현보(畢賢甫)와 함께 서경(현재의 평양)을 거점으로 반란을 일으켰다. 그들은 고려 황실이 강화도로 천도한 뒤 텅 빈 개경을 노렸다. 홍복원은 강화도를 제외한 고려를 통째로 원나라에 바칠 계획이었을 것이다. 반란은 실패로 끝났지만, 홍복원은 다시 원으로 도망갔다. 그는 목숨이 위태롭거나 세가 불리하다 싶으면 원으로 피했다. 언제든 몸을 맡길 안가(安家)가 있었고 원은 그의 든든한 뒷배가 되었다. 원은 고려의 약점을 들춰내며 충성을 다하는 홍복원에 고려군민만호(高麗軍民萬戶)의 관직을 주고 투항해 온 고려 군민을 다스리게 하였다. 홍복원과 같이 원나라에 빌붙어 고려와 고려인에게 심각한 피해를 준 정치세력을 부원배(附元輩) 또는 부원세력(附元勢力)이라고 한다.

고려에서는 홍복원과 같은 부원배들을 어떻게 다루었을까? 고려는 원나라의 뒷배를 믿고 갖은 행패와 모략 그리고 수탈을 일삼는 홍복원을 달래기 위해 아버지 홍대순을 대장군으로 삼고 동생 홍백수에겐 낭장(郎將, 중앙군 조직에서 중랑장 바로 아래 직위인 다섯 번째 계급) 벼슬을 주었다. 고려에서는 홍복원에 끊임없이 뇌물을 보내 비위를 맞췄다. 고려는 홍복원을 처단하고 싶어도 어떻게 해볼 수가 없었는데, 어이없게도 홍복원은 그가 나라를 팔며 충성을 다했던 원나라에서 원나라인에 의해 죽었다.

원나라는 강화도로 천도하여 항복하지 않고 항전을 계속하는 고려

고종에게 친조(親朝, 고려 왕이 원나라 황제를 직접 찾아와 알현하는 것)를 요구하였는데, 고려 국왕을 대신하여 황족 출신 왕준(王綧)이 원나라에 볼모(몽골어로 뚤루게(禿魯花))로 잡혀갔다. 고려는 왕준을 고종의 친자식이라고 속여 몽골에 보냈다. 왕준은 원나라에서 꽤 오랫동안 홍복원의 집에 머물렀다. 묘한 일이다. 볼모가 된 황족과 매국노 홍복원이 같은 집에서 살았던 것 자체가 이해하기 힘든 일이다. 왕준과 홍복원은 원나라에 투항했거나 귀순한 고려인의 통솔권을 놓고 적대 감정이 생겼다.

원나라와 고려 사이에 상황이 바뀌면서 원나라와 홍복원의 사이에도 변화가 생겼다. 1259년 고려와 원나라의 강화(講和)가 성사되면서 원나라는 홍복원을 이용할 가치가 적어졌다. 원은 고려 황족, 즉 고려 왕조를 대표하는 인물에게 고려 군민의 통솔을 맡기고 싶었다. 원나라는 홍복원이 통치하던 요양과 심양 일대의 고려 군민을 나눠 왕준에게 심양에 살던 고려 군민을 지배하게 했다. 포악하고 탐욕스러운 홍복원이 가만있을 리 만무하다. 그는 왕준과 권력 투쟁을 벌이는 중에 고려에서 귀순하는 고려인을 원나라 조정 몰래 병합하려 획책하기까지 했다. 이럴 때 관전 요점은 누가 더 확실한 권력자의 총애를 받느냐였다. 홍복원은 원나라 황제의 총애를 받고 있었지만, 왕준 역시 원나라 황녀와 결혼하여 권세가 만만치 않았다. 동서고금의 역사를 보면 팽배하게 겨루는 세력들이 권력 투쟁을 하는 과정에서 어느 한쪽에서 무리수를 두기 마련이다. 홍복원은 무당을 불러 나무 인형을 만들어 왕준을 저주하게 했다. 홍복원은 흑주술, 즉 사악하고 이기적인 목적을 위해 초자연적인 힘을 사용했다. 사극을 보면 팽팽하던 권력 투쟁을 하는 과정에서 심리적으로 불안감이 큰 쪽에서 자충수를 두게 된다. 이 사실이 알려져 원나라 황제에게 불려 간 홍복원은 장황한 변명을 늘어놓은 뒤 돌아와 왕준에게 거칠게 따지며 면박을 주었다. 고려사 열전에도 홍복원과 왕준의 처 황녀에 대한 기록이 남아 있다.

> 홍복원: "공(公)이 나에게 은혜를 입었던 것이 오래이면서 어찌 도리어 적에게 참소시켜서 나를 모함하는 것입니까? 이것은 이른바 기른 개가 도리어 주인을 문다는 것입니다(所謂 所 養之犬, 反噬主也)."
>
> 왕준의 처: "너는 너의 나라에 있을 때 무엇을 하던 사람이었더냐?"
>
> 홍복원: "변성(邊城) 사람이었습니다."
>
> 왕준의 처: "그럼 우리 공은 무엇을 하던 사람이었더냐?"
>
> 홍복원: "왕족이십니다."
>
> 왕준의 처: "그렇다면 참으로 우리 공이 주인이며 네가 참으로 개이거늘 도리어 공을 개라고 하면서 주인을 물었다고 한 것은 무엇 때문이냐? 나는 황족인데 황제께옵서 우리 공을 고려 왕족이라고 하여 그와 혼인시켰다. 그리하여 나도 아침저녁으로 부지런히 모시며 딴마음을 품지 않았다. 공이 만약 개라면 어찌 어떤 사람인들 개와 같이 사는 자가 있겠느냐? 내 마땅히 황제께 아뢸 것이다."

하늘을 찌를 듯 위세를 떨었던 홍복원이 그의 운명을 바꾼 상대를 만난 것이다. 홍복원이 고려의 왕족을 개로, 자신을 주인에게 비유한 것은 원나라 황실의 역린(逆鱗)을 건드린 대역 사건에 해당했다. 원나라 황제 앞에 불려 간 홍복원은 황제에게 울며불며 머리를 조아리고 억울함을 호소했다. 하지만 황제의 명을 받은 칙사가 홍복원을 기다리고 있었다. 칙사는 장사 수십 명을 시켜 홍복원을 발로 밟아 죽인다. 매국노 홍복원의 비참한 최후였다. 진짜 주인인 고려를 배신한 개가 그토록 충성을 다했던 원나라의 손에 죽었다. 그의 처와 아들들도 압송당했고 재산은 모두 몰수되었다. 한순간의 처참한 몰락이었다. 복원(福源)이란 한자어의 뜻은 '복의 근원'인데, 홍복원은 고려와 고려인에겐 악의 근원이 되었다.

홍복원에는 7명의 아들이 있었다. 홍복원이 처참하게 죽은 뒤 그의 아들들은 심양 지역을 중심으로 세력을 유지하면서 고려와 계속하여 대립하였다. 그중 홍다구(1244~1291)는 그의 할아버지 홍대순과 아버지 홍복원의 매국노 유전자를 그대로 이어받았다. 몽골 황제에게 상소를 올려 아버지의 억울함을 호소했고, 황제도 홍다구에게 홍복원의 관직을 계승해 원나라 고려 군민을 통치하게 했다. 원나라는 왕준에게 주었던 고려 군민 통솔권을 빼앗아 홍다구에게 주었다. 홍다구는 아버지의 죽음에 대한 악감정을 품고 끊임없이 고려를 모함한다. 홍다구의 만행과 패악질은 그의 아비 홍복원과 비교해도 절대로 뒤지지 않았다. 홍다구는 항몽(抗蒙)의 상징이었던 삼별초 항쟁을 진압하는 등 대대손손 주인을 무는 개로서 원나라에 충성을 다했다.

인간은 어려움에 부딪히면 그 본성이 드러난다. 우리 민족의 수난기에 조국을 배신하는 것에 그치지 않고 대를 이어 그 조국을 상대로 자신의 영달을 도모하고 갖은 음모를 꾸민 매국노들을 보며 염량세태(炎涼世態)의 권력 무상을 생각한다. '화무십일홍(花無十日紅)이요, 권불십년(權不十年)이라'고 한다. 꽃은 열흘을 넘겨 피기 어렵고, 권력은 십 년을 가지 못한다. 십 년이면 강산이 변하고 사람도 변한다. 달이 차면 기우는 법이다. 평범한 진리다. 홍복원의 시조는 고려 개국공신 홍은열(洪殷悅)이다. 고려 개국공신의 후손들이 대를 이어 조국 고려를 배반하고 원나라에 충성하며 침탈에 앞장섰다. 역사의 아이러니다.

📖 《고려사》. 〈권제27〉, 〈권제43〉.

유승훈. (2016). 《조선 궁궐 저주 사건》. 파주: 글항아리.

이한우. (2009). 《조선일보》. 〈[이한우의 역사속의 WHY]고려의 매국노 '홍씨 3代'〉. 4월 25일.

장상록. (2016). 《전민일보》. 〈어느 반역자의 최후〉. 11월 25일.

〈홍복원〉. 한국사데이터베이스. 국사편찬위원회.

〈홍복원〉. 우리역사넷

〈무신〉. (2012). 드라마.

비굴했던 권세가
③ 청년 위안스카이

중국인 원세개와 위안스카이(1859~1916). 중국은 한 사람의 이름을 놓고 다르게 부른다. 물론 기준도 있다. 우리나라에서 중국어를 표기할 때의 기준은 신해혁명(1911년, 청 왕조를 타도하고 중화민국(中華民國)을 세운 혁명)이다. 신해혁명의 이전 인물은 우리말 발음으로 적고, 이후 인물은 중국어 원음으로 표기한다. 원세개(袁世凱)의 중국식 이름은 위안스카이다.

저자는 조선 역사를 공부하면서 청년 위안스카이가 조선 반도를 짓밟고 다닌 것에 대해 분개한 적이 있었다. 물론 중국의 속국으로 전락한 조선의 나약함이 젊은 장교의 무소부지 전횡을 불러왔지만 말이다. 위안스카이가 어떻게 그의 권력을 휘둘렀던가. 그의 등장을 다루기 전에 당시 조선의 정세를 살펴보기로 하자.

1882년 7월 구식 군대가 민비(명성황후) 척족 정권의 부패에 대해 항거했다. 임오군란이다. 군란의 발단은 무위영 소속 군병들에게 양이 절반밖에 안 되는 쌀겨와 모래가 섞인 군료를 지급한 것에서 비롯되었다(그때는 관리에게 봉급으로 쌀을 주었다. 이를 봉미(俸米)라고 한다). 군납 비리다. 소요가 일어나자, 관할 부서인 선혜청 당상 겸 병조판서 민겸호는 주동자를 혹독하게 고문한 후 처형했다. 해도 너무 했다. 적반하장(賊反荷杖)도 유분수라고 하던가. 원인을 제공한 장본인이 사태를 진정시켜도 모자랄 판에 주동자를 처형했다. 대규모 폭동으로 발전한 것은 예측할 수 있는 일이었다. 고종은 그동안 권력에서 물러나 있던 흥선대원군(고종의 아버지 이하응, 1821~1898)에게 사태 수습을 맡겼는데, 흥선대원군은 8년 만에 권좌에 복귀했다. 그러면서 군란을 내부의 힘으로 수습하기 어렵게 되자 민씨 척족의 조정은 청국에 진압군 파견을 요청했다.

청국은 조선에 출병하여 조선에 대한 내정과 외교 문제에 적극적으로 관여해 종주권(宗主權)을 강화할 기회로 삼았다. 중국 본토에서 아편전쟁(1차 1840년, 2차 1856년) 등으로 서양 제국에 철저히 난도질당하고 있던 청국은 이번 기회에 조선에 대한 지배권을 확실히 하려고 했다. 청국은 조선 지배에 장애가 되는 흥선대원군을 그가 권좌에 복귀한 지 33일 만에 중국으로 납치했다. 청은 군란으로 조선과 일본의 관계가 틀어져 무력 충돌이라도 일어나면, 한양이 일본군 수중에 떨어질 것을 우려했다. 이런 우려를 불식하기 위해서는 일본을 강경하게 배척하는 흥선대원군을 제거하는 것이 급선무라고 판단했다.

당시 국내 정치세력은 청국의 도움으로 재집권에 성공한 민씨 척족 정권과 타협하면서 조선을 개혁하려는 온건 개화파와 일본의 메이지 유신과 같은 개혁을 해야 한다고 생각하는 급진 개화파로 갈라졌다. 급진 개화파는 민씨 척족 정권과 온건 개화파의 친청(親淸) 정책에 반발했다. 그들은 청과의 사대 관계를 끊고 일본의 메이지 유신을 모델로 서양의 기술과 제도를 수용하자고 주장했다. 국내 정치세력은 친청과 친일의 대리전 성격이 농후했지만 친청 세력이 우세를 점하고 있었다.

1884년 청국은 프랑스와 전쟁에 돌입했다. 베트남에 대한 종주권을 놓고 프랑스와 벌인 청불전쟁(1884~1885)이다. 이 전쟁의 여파로 청은 임오군란 이후 주둔하던 청군 3천 명 중 1천 5백 명을 조선에서 철수했다. 이 기회를 틈타 일본은 급진 개화파에게 군사적 지원을 약속하고 친일 내각을 수립하려고 했다. 급진 개화파는 일본을 끌어들여 갑신정변(1884년)을 일으켰다. 정변은 3일 만에 청군에 의해 제압됐다. 동서고금을 막론하고 외세를 끌어들인 후유증은 감당하기 어려운 법이다. 정변이 실패로 끝나면서, 청의 조선에 대한 내정 간섭은 심해졌으며 친청 보수 세력이 권력을 잡았다.

여기까지 조선의 역사에 대해서는 한국사에서 다룬 이야기다. 한국사를 공부하면서 조선말 위정자들의 모습을 보면 책을 던져버리고 싶을 정도로 좌절과 안타까움이 교차하는 것은 저자만이 아닐 것이다. 이쯤 해서 위안스카이를 등장시키자.

청은 임오군란의 배후에 흥선대원군이 있다고 단정 짓고 그를 납치해 갔다. 납치의 주역은 스물세 살 위안스카이(당시 오장경 육군 제독의 비서장)였다. 또한, 위안스카이는 갑신정변, 즉 일본의 힘을 빌려 개혁을 시도하려는 정변을 제압하는 데 공을 세웠다. 그는 이 공로를 인정받아 조선의 '총독'이 됐다. 이홍장 등 청 정권의 고위 관료의 두터운 신임을 받았던 위안스카이는 조선의 자주적 근대화를 철저히 봉쇄하며 식민지 수준의 내정 간섭을 했다. 1882년부터 1894년까지 무려 12년 동안이다. 어떤 사람은 위안스카이를 인간 거머리라고 한다. 조선에 빨대를 대고 피를 빨았다.

조선은 서양 국가 중에 미국과 최초로 수교 관계를 체결했다. 1882 년 5월 22일이다. 조선이 중국, 일본, 러시아 등 주변 열강에 포위된 채 자주적인 근대화를 추진할 수 없는 처지에 내몰리게 되었을 때, 미국이 란 신흥 강대국에 의지하여 난국을 돌파할 생각이었다. 결과적으로 조선과 미국과의 수교조약은 고종의 미국에 대한 짝사랑이었고 미국의 배신으로 끝났다.

조미 수교조약에는 '영약 삼단(另約三端)'이라는 특별한 조건을 달았다. 주권 국가로서는 치욕적인 조건이었다. ① 조선 공사는 주재국에 도착하면 먼저 청국 공사를 찾아와 그의 안내로 주재국 외무성에 간다. ② 회의나 연회 석상에서 조선 공사는 청국 공사의 밑에 자리한다. ③ 조선 공사는 중대 사건이 있을 때 반드시 청국 공사와 미리 협의한다. 청은 조미 수교 조약문에 조선이 청의 속국임을 삽입하려고 했지만, 미국의 강력한 반대로 좌절되었다. 영약 삼단은 속국이라는 명시적인 표현을 대신하고자 하는 청의 속셈을 드러냈다. 조선은 영약 삼단에도 불구하고 미국과 수교했다. 청, 러시아, 일본 등 주변 열강의 간섭과 위협에서 벗어날 수만 있다면 지푸라기라도 붙잡고 싶은 심정이었을 것이다.

사실 미국과의 수교 제의를 한 당사자는 청이었다. 청은 러시아의 남하정책과 한반도에서 일본의 세력 확장을 저지하려는 목적으로 미국을 개입시켰다. 친청연미론(親淸聯美論)이다. 그러면서 조미 수교조약에 조선이 청의 속방이라는 조항을 삽입하려고 했지만 좌절됐다. 대신 조선과 체결한 조청 수륙 무역 장정(朝淸商民水陸貿易章程)에 조선이 청국의 '속국'임을 반영시켰다. 1885년 청은 조선이 속국이라는 이유로 일반적인 외교관 명칭을 쓰지 않고 '주찰조선총리교섭통상사의(駐紮朝鮮總理交

涉通商事宜)'라는 직책으로 위안스카이를 조선에 상주시켰다. 조선의 정치, 외교, 경제, 통상 등이 20대의 청년 위안스카이 수중에 들어갔다. 위안스카이는 궁중에 가마를 타고 들어갈 수 없는 궁중 의례를 일부러 무시하고 왕의 앞까지 가마를 타고 드나들었다. 위안스카이는 '원대인(遠大人)', '감국대신(監國大臣)', '조선의 왕'으로 비유될 만큼 조선의 내정과 외교에 적극적으로 간섭하였다. 감국대신은 조선을 관리, 감독하는 관리다. 위안스카이는 3년 기한으로 부임해 왔으나 세 차례나 연임되었다.

위안스카이의 내정 간섭은 간섭의 도를 넘어섰다. 이런 일도 있었다. 고종 27년(1890년) 봄, 고종을 수렴 청정했던 조대비가 세상을 떠나자, 청은 칙사를 파견하여 문상하겠다고 알려왔다. 그러나 조선은 경비 부담의 곤란함을 들어 칙사 파견 중지를 요청하였지만, 청은 칙사의 경비를 부담하더라고 강행하겠다고 하였다. 문상을 오지 말라고 해도 오겠다는 것이다. 문제는 청의 칙사가 오면 국왕이 칙사를 영접해야 하는 절차가 있다. 어디 절차뿐이겠는가. 칙사를 대접하기 위해서는 백성의 고혈을 짜내야 한다. 고종은 칙사 영접을 하지 않기로 했다. 위안스카이는 국왕의 마중이 없으면 입성, 조상할 수 없다고 위협했다. 무례와 안하무인이 하늘을 찌른다.

청은 위안스카이의 덕에 조선 경제에서 청이 차지하는 비중이 일본보다 컸다. 청보다 훨씬 더 일찍 조선에 진출한 일본을 능가할 정도가 되었고, 이는 일본이 청일전쟁을 결심하게 된 결정적 사유가 됐다. 위안스카이는 군함까지 내주며 인삼 밀수를 부추겼고, 청나라 상인들이 조선 방방곡곡을 누비며 잇속을 챙길 수 있게 뒷배가 되어주었다. 임오군란 이후 조선은 자주적인 개혁을 할 기회를 맞이했는데, 위안스카이를 조선에 주둔시킨 청의 간섭과 책동으로 그 기회를 놓쳤다(이양자, 2029). 조선은 청과 위안스카이라는 장애물을 만나 변화의 골든타임을 놓쳐버렸다. 조선을 망국의 길로 이끌었던 대표적인 외국인을 꼽으라면 청국의 위안스카이와 일본의 이토 히로부미일 것이다.

위안스카이는 청에 어떤 영향을 주었을까? 청은 아편전쟁, 청불전쟁, 청일전쟁(1894~1895)에서 연달아 패배하면서 중화의 위상이 크게 흔들렸다. 청은 광서제(1871~1908)에 이르러 변법(變法)을 국시로 정하고 부국강병을 모색하는 개혁정책을 추진하고자 했다. 중국 역사에서 중요한 의미가 있는 무술변법(戊戌變法) 또는 변법자강운동(變法自强運動)이다. 광서제는 중앙관제를 개혁하여 관직을 서양식으로 바꾸고, 인재 양성을 위해 과거제도를 폐지하고 신학교를 설립하고, 근대식 군대 체제를 수립하고 상공업을 진흥하는 한편 철도를 부설하고 조선소를 설립하는 등 법, 교육, 경제, 사회 전반에 걸친 대개혁을 단행했다. 그러나 중국 역사에서 사치와 부패의 아이콘으로 평가받는 서태후가 이 개혁을 가로막았다. 서태후를 중심으로 한 보수파는 변법운동이 중화를 오랑캐로 타락시키는 술책이라고 판단했다. 서태후가 변법을 무산시키려고 계획했을 때, 광서제가 군사력을 장악하고 있는 위안스카이에게 도움을 요청했지만 위안스카이는 그 사실을 서태후 측에 밀고하였다. 위안스카이는 군부의 중심으로 본래 개혁파에 가담했지만, 등을 돌려 보수파에 가세하면서 개혁은 끝이 났다. 이 사건으로 광서제는 유폐되고 변법운동은 실패했다(2008년 11월, 중국 합동조사단은 광서제의 사인을 독살로 결론지었다. 서태후에 반기를 들며 개혁 군주 역할을 한 광서제의 죽음이 독살일지 모른다는 말이 있었지만, 법의학적으로 독살 사실이 확인됐다). 개혁 군주 광서제는 위안스카이의 배신으로 개혁의 실패는 물론 황제 자신도 서태후의 미움을 받아 장기간 연금 생활을 한 비운의 황제가 되고 말았다.

위안스카이는 조선에 머문 10여 년 동안 세 명의 조선 여인을 취해 7남 8녀를 둘 정도로 군주 못지않은 향락을 누렸다. 위안스카이는 후한 시대 삼국지에 등장하는 원술의 후예다. 둘의 공통점은 난세의 실력자로서 스스로 황제를 칭하다가 실패했다. 원술은 우연히 얻게 된 옥새를 보관하고 있다는 이유로 스스로 황제를 참칭(僭稱, 분수에 넘치게 자신을 스스로 임금이라 부름)하다 조조에 의해 비참한 최후를 맞았다. 위안스카이 또한 즉위 88일 만에 황제 즉위를 취소했다. 황제에서 물러나고 예전의 직위, 즉 대총통 복귀를 선언했다. 황제 자리가 아니면 말고 식이었다. 나라를 자영업 경영하듯이 했다. 위안스카이는 대총통 복귀 선언 후 일족 외에는 아무도 자신을 따르지 않자 충격을 받아 급사하고 말았다. 권력을 참칭하고 비굴하게 권력을 행사하는 권력자의 말로는 비슷하다.

📖 김원모. (2002). 《한미 외교관계 100년사》. 서울: 철학과 현실사.

서기원. (1997). 《광화문》. 서울: 대교출판.

이양자. (2019). 《감국대신 위안스카이》. 파주: 한울.

정연진. (2003). 《이야기 선교사(史) 양화진》. 서울: 홍성사.

박보균. (2021). 《중앙선데이》. 〈위안스카이 협박, 조선 근대화의 황금 기회 봉쇄하라 … 한국 외교의 반면교사〉. 2월 27일.

유석재. (2023). 《조선일보》. 〈고종에 삿대질, 서양과의 외교방해 … 개화 발목 잡았죠〉. 6월 15일.

장세정. (2008). 《중앙일보》. 〈청나라 말 비운의 황제 광서제 독살 사실

100년 만에 밝혔다〉. 11월 4일.

〈임오군란(壬午軍亂)〉. 한국민족문화대백과사전.

〈임오군란〉. 우리역사넷

〈용의 전쟁 1885〉. (2017). 영화.

은행나무 단상
부모님을 지켜낸 수호천사

늦가을에서 초겨울 사이 도심의 가로수 은행나무 잎들이 인도(人道)를 노랗게 물들인다. 은행알의 냄새는 고약해도 노란 이파리의 자태를 보면 용서가 된다. 지독한 냄새에도 불구하고 은행나무를 가로수로 선호하는 이유는 무엇일까? 은행나무는 병충해가 거의 없으며 넓고 짙은 그늘을 제공하고, 무엇보다 공해에 강한 점 등이 높은 평가를 받는다고 한다. 은행나무는 도심 가로수로 적격이지만 특유의 냄새 때문에 벌목해야 한다는 여론이 높다. 2011년 국립산림과학원이 은행나무 잎을 이용해 암수를 식별하는 'DNA 성감별법'을 개발하여 1년생 이하의 어린 은행나무의 암, 수를 정확히 구별할 수 있게 되었다. 앞으로 은행나무 가로수는 은행알이 열리지 않은 수나무로 채워지게 될 것이다.

은행잎과 은행알이 떨어지는 요즘 인도에는 오리발 모양의 은행잎들이 수북하게 쌓여 마치 노랑 카펫을 깔아놓은 듯하다. 어쩌다 은행알을 밟으면 우두둑 소리가 난다. 신발은 은행알 특유의 냄새로 진동한다. 매년 치르는 의식인 양 사람들이 은행알을 밟지 않기 위해 지그재그로

걷는 모습을 보면 불편하게 보이지만 정답게 느껴진다.

고향 집을 둘러싼 담장 안쪽에 아름드리 은행나무가 있었다. 할아버지 때부터 건재했으니 얼추 100년은 넘었으리라. 고인이 되신 아버지는 땅에 떨어진 은행을 비닐포대에 넣어두었다가 껍질을 충분히 삭힌 후에 포대 표면을 발로 비벼 껍질을 벗겨냈다. 껍질이 벗겨진 은행을 씻어 말린 후 불에 구워 익히면 옅은 푸른색을 띤 알의 모습을 드러낸다. 부친은 은행알을 7개 이상 먹지 않도록 했다. 은행알은 독성을 함유해 익혀 먹더라도 적정량을 초과하면 부작용을 일으킬 수 있다고 하셨다. 동의보감(東醫寶鑑)을 가까이 하신 아버지인지라 신뢰가 갔다. 우리나라 식품의약품안전처에서는 익힌 은행알의 적정 기준을 권장한다. 성인은 하루 10개 이하, 어린이는 하루 3개 이하다.

은행알은 열매일까? 아니다. 은행알은 열매가 아니라 종자, 즉 씨앗이다. 은행나무는 겉씨식물이기 때문에 씨방이 없어 열매를 맺을 수 없다. 은행알은 과학적으로는 종자의 일부지만 일상에서는 열매라고 부른다. 은행나무를 부르는 이름도 흥미롭다. 잎 모양이 오리발을 닮았다고 하여 압각수(鴨脚樹)로 부른다. 더 흥미로운 이름은 공손수(公孫樹)다. 생장이 느려 열매를 맺으려면 오랜 세월이 필요해서 붙여진 이름이다. 즉 공(公)은 남을 높이는 말이고, 손(孫)은 자손을, 수(樹)는 살아 있는 나무를 의미한다. 은행나무가 자라 열매를 맺으려면 30년 이상의 수령(樹齡)이 되어야 하니 후대에 가서야 수확의 결실을 볼 수 있다는 이야기이다. 은행나무를 심는 사람의 마음은 현재가 아니라 미래에 가 있어야 한다.

은행나무가 지구상에 처음 나타난 것은 약 3억 5천만 년 전이라고 한다. 지구의 나이가 45억 살쯤 되고 호모 사피엔스는 약 20만 년 동안 지구에 존재했다는 것을 생각하면 은행나무의 존재는 엄청나다. 은행나무를 '살아 있는 화석'으로 부르는 이유다. 은행나무 생존의 역사가 곧 지구의 역사라고 말할 수 있을 정도다. 은행나무는 생존력이 탁월한 장수 식물이고 인간에게 친숙한 나무이다 보니, 민속 설화와 전설에 소재로 등장하곤 한다. 영화 〈은행나무 침대〉(1996년)는 이루어질 수 없는 사랑을 소재로 한 판타지 장르 영화다. 사랑하는 연인이 은행나무로 환생하여 두 그루가 서로 곁에 있으면서 오랜 세월을 함께한다. 은행나무는 두 사람의 얼굴을 새긴 침대로 거듭난다. 여자가 은행나무 침대로 환생하여 남자를 기다린다. 기다리는 세월이 170년이다. 오랜 세월이 흘러도 변하지 않은 은행나무의 이미지를 변치 않은 사랑으로 대비하여 극적인 효과를 연출했다. 이 영화는 공전의 히트를 기록하며 전생 증후군을 일으킬 정도였다.

저자 역시 은행나무에 대해 특별한 의미를 부여한다. 2012년 8월, 초대형 태풍(볼라벤)이 한반도를 할퀴고 갔다. 태풍이 지나간 자리는 아수라장이 되었다. 가옥은 침수되고 강풍에 나무들이 뿌리째 뽑혔다. 한 세기 이상 고향 집을 지켜오던 은행나무도 버텨내지 못하고 쓰러지고 말았다. 길이가 족히 40m나 된 은행나무는 노부모가 거처하는 방을 간신히 비켜나 텃밭에 누웠다. 은행나무가 오랜 세월 동고동락해 온 부모님을 다치지 않게 하려고 얼마나 노력했을까 싶었다. 그 광경을 본 저자는 한 편의 시(詩)로 쓰러진 은행나무를 애잔하게 여기고, 노부모를 지켜준 것에 대한 고마운 마음을 담았다.

〈은행나무〉

고향 집 은행나무 100년 넘게 살았구나.

숱한 역경과 굴곡 이겨낸 거목(巨木)

집안의 희로애락을 함께 한 산증인

뿌리 뽑힌 웅덩이가 거대한 분화구 같다.

산화(散華)할 자리를 미리 맞혀놓은 듯

빈터에 누워

늙은 부모 다치지 않게 하였으니

그 마음 고맙구나.

은행나무여

사라짐을 너무 서러워 마라.

네가 서 있던 자리엔 널 닮은 생명이 솟아날 터이니

소멸과 생성은 같은 뿌리가 아니겠느냐!

저자는 은행나무가 고향 집과 노부모를 지켜주었다고 믿고 있다. 은행나무가 쓰러진 그해 추석 다음 날 어머니도 계단에서 넘어져 다음 해에 소천하셨다. 은행나무는 고향 집의 상징이었고 정신적인 수호천사였다. 은행알이 아무리 독한 냄새를 풍겨도 고향 집과 부모님을 지켜주었던 듬직한 은행나무는 저자에겐 특별한 감회를 선사한다. 신발에 밟힌 은행알의 우두둑 소리가 정겨운 이유다.

더 주목하는 점은 은행나무와 인간은 떼려야 뗄 수 없는 불가분의 관계이다. 지극히 상호의존적이다. 은행알은 주로 인간에 의해 번식할 수 있다. 인간이 아니면 은행알이 떨어진 그 자리에서 번식되다 소멸하고 말 것이다. 일반적으로 식물의 열매는 바람이나 곤충, 동물에 의해 다른 지역으로 이동, 번식할 수 있지만, 은행알은 그 특유의 고약한 냄새 때문에 곤충이나 동물의 접근을 허락하지 않는다. 은행알의 외피에 함유된 헵탄산(Heptanoic acid)은 지독한 냄새를 풍기고, 긴코릭산 (Ginkgolic acid)은 피부염을 유발하여 조류나 다른 동물들은 씨를 발라 먹을 엄두를 내지 못한다. 은행나무는 씨앗을 멀리 보내는 것을 포기한 대신에 동물의 먹이가 되는 것을 원천 봉쇄한 셈이다(박상진, 2018). 바람조차 무거운 은행알을 옮길 수 없다. 전생에 인간이 은행나무였는지, 은행나무가 인간이었는지 모르는 일이다.

올가을 유달리 노랗게 물든 은행잎을 자주 보는 책에 넣어두었다. 책을 펼칠 때마다 가슴 깊은 곳에서 우러나오는 고향의 향수, 부모님 거처를 피해 쓰러진 은행나무, 은행알을 굽던 아버지의 얼굴 그리고 일곱 개의 은행알을 세어 주시던 어머니의 손이 파노라마처럼 튀어나올 것이다.

📖 박상진. (2018). 《우리 나무의 세계 2》. 파주: 김영사.

올리버, 닐. (2020). 《잠자는 죽음을 깨워 길을 물었다》. 이진옥 옮김. 파주: 월북.

최성우. (2019). 《사이언스타임스》. 〈3억 5천만 년을 살아온 '은행나무'〉. 4월 5일.

〈은행나무 침대〉. (1996). 영화.

계영배(戒盈杯)
넘침은 모자람만 못하다

인간의 욕심은 끝이 없다. 러시아의 작가 톨스토이는 단편소설 "사람에 겐 얼마만큼의 땅이 필요한가?"에서 인간의 끝도 없는 욕심을 비유적으로 묘사하고 있다. 대강 이런 내용이다. "소작농 바흠은 오직 땅을 소유하여 자기 땅에 농사짓는 것이 소원이었다. 열심히 돈을 모으던 그는 어떤 마을에 가면 싼값에 넓은 땅을 살 수 있다는 이야기를 듣고 모은 돈 전부를 털어서 가족과 함께 찾아간다. 천 루블을 내고 해 뜰 무렵부터 해 질 무렵까지 걸어서 돌아온 땅 모두를 가질 수 있다는 조건으로 계약한다. 다만, 해 질 무렵까지 출발점에 돌아오지 못하면 땅을 조금도 가질 수 없다. 그는 촌장의 제안을 받아들이고 조금이라도 더 많은 땅을 가지려고 쉬지도, 먹지도 않고 달리기만 하다가, 문득 돌아갈 길이 너무 멀다는 걸 깨닫고 허겁지겁 서둘러 돌아오지만 해가 진다. 죽을힘을 다해서 해가 짐과 동시에 도착해서 많은 땅을 갖게 되는가 했지만, 무리한 체력 소모로 그만 피를 토하며 죽게 되고 그 자리에서 땅에 묻히게 되니 결국 2m도 안 되는 작은 공간이 그가 차지한 땅 전부가 되고 말았다." 인간이 죽어 묻히는 땅은 고작 2m에 불과하다.

인간은 "하늘에서 황금비를 내린다 해도 욕망을 다 채울 수 없다"라고 한다. 술만 해도 그렇다. 술과 마주하면 '적당히', '알맞게'라는 말을 지키기 어려운 경우를 자주 보게 된다. 적당히 마시면 기분도 좋고 스트레스도 풀 수 있지만, 지나치면 오히려 신체적, 정신적 건강을 해친다는 것을 잘 알면서도 그런다. 시인 조지훈은 마치 바둑의 단(段)처럼 술에도 등급을 구분했다. 주도유단(酒道有段), 즉 주도(酒道)에도 단이 있다. 그의 흥미로운 구분에는 폐주(廢酒)가 나오는데 일명 열반주(涅槃酒)라고 한다. '술로 말미암아 다른 술 세상으로 떠나게 된 사람이다.' 욕심이 지나치면 늘 화를 부르는 법이다. 탈무드는 "올바른 자는 자기의 욕심을 조정하지만, 올바르지 않은 자는 욕심에 조정 당한다"라고 했다. 폐주는 사람이 술의 양을 조정하는 것이 아니라, 술이 사람을 조정하게 놔두는 최악의 경우다.

인간은 과욕을 경계하려고 하지만 선을 넘어서는 경우가 많다. 그래서 계영배(戒盈杯)가 등장한다. 계영배는 '넘침을 경계하는 잔'이다. 계영배를 곁에 두고 마음을 다져 잡는다. 고대 중국에서는 계영배와 같은 잔을 '기기(敧器)'라고 했다. 군주가 올바로 처신하도록 경계하기 위하여 사용한 그릇이다. 한자 '기(敧)'는 '기운다'라는 뜻으로 물이 가득 차면 뒤집히고, 비었을 때는 조금 기울어지며, 절반 정도 차면 반듯하게 놓이는 그릇이다. '넘치지도 부족하지 않게' 처신하도록 스스로 경계하는데 사용하는 그릇이다. 과유불급(過猶不及)과 중용(中庸)의 뜻과 상통한다. 사자성어로는 늘 곁에 두고 보는 그릇이라 하여 '유좌지기(宥坐之器)'라고 한다.

계영배는 보통 술잔과 달리 잔에 어느 정도 술이 채워지면 밑으로 모두 빠져나가게 만들어졌다. '과음을 경계하라'는 뜻과 함께 '지나치게 욕심을 부리면 도리어 모든 것을 잃게 된다'라는 교훈을 담고 있다. 19세기에 만들어진 백자 계영배를 컴퓨터 단층촬영(CT)한 결과, 잔 내부에 원통형 관(管)이 있었다. 정해진 양의 술을 따르면 대기압으로 인해 이 관을 타고 술이 스스로 빠져나가는 '사이펀(siphon)의 원리'를 이용한 것이라고 한다. 계영배는 술이 70%쯤 차면 밑으로 흘러내린다. 웬만한 사람도 자신을 스스로 경계하는 그림이나 글을 족자로 만들어 잘 보이는 곳에 걸어놓는 것이 다반사지만, 조선 시대의 거상 임상옥(林尚沃, 1779~1855)은 계영배를 늘 옆에 두고 과욕을 다스리면서 큰 재산을 모았다고 한다.

여기서 잠깐 임상옥과 계영배에 관해 이야기하고 넘어가자. 임상옥은 '가포집'에 '재상수평여수 인중직사형(財上平如水 人中直似衡)'이라는 말을 남겼다. '재물이란 평등하기가 물과 같고 사람은 바르기가 저울과 같다'라는 뜻이다. '재물은 평등하기가 물과 같다'라는 의미는 무엇일까? 물의 이치는 위에서 아래로 흘러가는 것이다. 물이 고이면 썩는 법이다. 사람이 필요 이상의 재물을 움켜쥐고 있으면 그 재물은 악취를 풍기게 되고, 재물을 소유한 이도 썩게 만든다. 물이 높은 곳에서 낮은 곳으로 흐르듯이 재물은 절실히 필요로 하는 사람에게 흘러가야 한다. 재물은 물처럼 흘러가는 성질이 있으므로 소유주가 은행 예치나 금고와 같은 안전한 곳에 가둬 놓는다고 해도 언젠가 소유주가 바뀌게 되는 것이다. '사람은 바르기가 저울과 같다'라는 의미는 무엇일까? 저울은 속일 수 없다. 인간관계에서도 사람 대하기를 저울처럼 해야 한다는 말이 아닐지 싶다. 특히 거래 관계에서 정직과 신용은 저울과 같이 속일 수 없다는 점에서 의미심장한 말이 아닐 수 없다.

드라마 〈상도(商道)〉의 마지막 장면에서 임상옥은 "장사는 이익을 남기는 것이 아니라 사람을 남기는 것이다"라고 말하면서 상인의 기본을 강조한다. 임상옥은 조선 최고의 부자였지만, 품 안에 계영배를 지니고 다니면서 끝없이 솟구치는 과욕을 경계하며 마음을 다스렸다. 그러면서 그는 굶주린 백성을 구호하고 세금을 정확히 내고 재산을 사회에 환원하는 등 노블레스 오블리주를 실천하며 후세에 본보기가 되었다.

조선에서는 전라도 화순 출신 실학자 하백원(河百源, 1781~1844)과 강원도 홍천 출신 도공(陶工) 우명옥이 계영배를 만들었다고 전한다. 화순은 저자의 고향이라 눈이 번쩍 띄었다. 하백원은 과학자·성리학자·실학자로 계영배를 비롯하여 양수기 역할을 하는 자승거(自升車), 펌프와 같이 물의 압력을 이용한 강흡기와 자명종 등을 만들었다. 하백원은 다산 정약용을 닮았다. 하백원은 다산처럼 이용후생(利用厚生), 즉 백성이 사용하는 기구 따위를 편리하게 하고, 의식(衣食)을 풍부하게 하여 생활을 윤택하고자 했다. 그들은 학문의 경계를 넘나드는 융합적 사고를 했다. 의리와 명분을 중시하는 성리학에 경도된 조선은 과학자 선비를 곱게 보지 않았다. 선비가 괴이한 술수를 쓴다는 죄목을 달아 하백원을 귀양 보냈다. 성리학이 담는 그릇의 한계다.

우명옥은 강원도 홍천 출신으로 본래 이름은 우삼돌이다. 우명옥은 왕실의 진상품을 만들던 경기도 광주분원 도공으로 들어가 스승에게 열심히 배우고 익혀 마침내 스승도 이루지 못한 설백자기(雪白磁器)를 만들어 명성을 얻은 인물로 전해진다. 청출어람(靑出於藍)이다. 왕실에서도 우명옥이 만든 자기에 반해 그의 기술을 높이 평가하고, 명문 세가에서는 우명옥의 자기를 소유하는 것을 큰 자랑거리로 여길 정도였다.

우명옥은 두메산골에서 질그릇을 구워 팔던 옹기장이에서 왕실의 도기를 만드는 장인으로 스타가 되었다. 부와 명성을 얻은 우명옥은 주색잡기로 방탕한 생활로 재물을 모두 탕진했다. 졸부의 끝장 드라마다. 그는 폭풍우를 만나 죽을 고비를 넘긴 뒤 잘못을 뉘우치고 스승에게 돌아왔다. 우명옥은 스승에게 무릎을 꿇고 용서를 빌었다. 스승은 그런 그를 반갑게 맞아주고 다시 시작할 것을 권했다. 이젠 그릇이 아닌 너를 빚어보라고 했다. 우명옥은 언젠가 실학자 하백원에게 전해 들었던 방법대로 술잔 하나를 만들었다. 인생의 희로애락이 밴 계영배의 탄생이다.

우명옥은 계영배를 들고 스승을 찾아갔다. 스승은 "무슨 잔이냐"라고 물었다. "계영배라고 하옵니다." "무슨 뜻이 담긴 잔이냐?"라는 스승의 질문에 "지나침을 경계하는 잔입니다"라고 답했다. 계영배는 우명옥의 인생 전체를 담은 그릇이며, 속죄의 마음을 과학으로 빚어낸 명인의 작품이다. 최근 홍천에서는 우명옥의 계영배를 문화관광상품으로 개발하고 있다.

인간은 태어날 때는 주먹을 쥐고 태어나지만, 죽을 때는 주먹을 편다. 이 세상과 이별할 때는 모든 것을 내려놓는다. 부자이거나 가난하거나 상관이 없다. 돈을 산더미만큼 쌓아놓은 재벌이 묻히는 공간은 2m에 불과하다. 화장하면 차지하는 공간은 고작 50cm도 되지 않는다. 뭐든 지나치면 탈이 나게 돼 있다. 계영배는 7부 능선을 넘었을 때 바닥의 구멍으로 흘러버린다. 주량의 70%만 마시고, 하고 싶은 말의 70%

만 말하고, 소유하고 싶은 물건의 70%만 소유하면서 계영(戒盈)의 정신을 실천하면 어떨지 싶다. 가포(稼圃) 임상옥은 "나를 낳은 건 부모지만, 나를 이루게 한 것은 하나의 잔이다"라고 말하면서 계영배의 가치를 부여했다.

📖 최인호. (2020). 《상도》. 고양: 여백.
　　톨스토이, 레흐. (1886). 《인간은 무엇으로 사는가》. 이순영 옮김. 서울: 문예출판사.
　　권재혁. (2021). 《강원도민일보》. 〈홍천지역 전설 계영배 문화관광상품화 추진〉. 8월 24일.
　　김응구. (2023). 《CNB Journal》. 〈우린 술잔에도 인생을 담았구나〉. 4월 11일.
　　조용헌. (2023). 《조선일보》. 〈[조용헌 살롱] 돈의 맛〉. 11월 13일.
　　허윤희. (2020). 《조선일보》. 〈조선 거상 임상옥의 술잔, 그 잔엔 비밀의 구멍이 있었는데〉. 10월 13일.
　　〈상도〉. (2001). 드라마.

이목(耳目)
나를 깨우는 양심

이목(耳目)의 사전적 의미는 주의나 관심을 뜻한다. '이목을 끌다'라고 하면 눈에 띄거나 주의를 끌어 집중을 받는 것을 말한다. 이목과 체면은 그 결이 좀 다른 것 같다. 우리의 문화 특성 중 하나로 체면 문화를 꼽는데 이목은 체면의 하위요소라고 할 수 있다. 체면이 나무라면 이목은 나무를 이루는 큰 가지라고나 할까.

저자는 시골에서 태어나 자란 성장환경 탓인지 몰라도 남의 이목에 민감하다. 어릴 적 부모님은 "남의 이목도 있고 하니…"라는 말씀을 많이 하셨다. 하고 싶지 않은 일도 이목 때문에 하게 되는 경우가 있다. 제사 음식만 해도 그렇다. 빠듯한 살림살이에 맞춰 준비하면 될 제사 음식을, 이목을 생각해 무리해서 준비한다. 어디 저자의 부모님뿐이겠는가. 나이가 지긋한 한국인이라면 이목의 딜레마에서 쉽게 벗어나는 사람은 드물 것이다.

최근 이목을 실감할 만한 일이 벌어졌다. 농촌에 살다 보면 땅을 소유하고 있는 것이 얼마나 중요한가를 안다. 농사를 기본으로 하는 농촌에서 땅이 없으면 근거지가 없는 것과 마찬가지일 것이다. 물론 요즘엔 농촌에 집만 있고 땅 없이도 전원생활을 하면서 도시로 출근하는 사람이 많이 생겼지만 말이다.

저자는 집에서 얼마 떨어지지 않은 밭의 두 고랑을 빌려 콩이며 대파며 고추 등을 심었다. 솔직히 어릴 적에 어깨너머로 본 농사짓는 방식만으로는 제대로 농사를 지을 수 없다. 마음씨 좋은 이모뻘 땅 주인의 강권으로 시험 삼아 밭 두 줄에 콩을 심었다. 콩을 심어놓고 제대로 자랄 수 있을지 걱정도 했는데 '콩 심은 데 콩이 났다.' 야생동물이 제집 안방 드나들 듯하는 악조건에서 콩이 새순을 터트리고 뿌리를 내렸다. 걱정과 호기심도 잠시 시간이 흐르면서 콩밭에는 수북하게 잡초가 자랐다. 잡초를 며칠 내버려 뒀더니 시도 때도 없이 쏟아지는 소낙비를 거름 삼아 콩보다 키가 더 커졌다. 주객이 전도되었다는 말이 적절하다.

저자의 콩밭 옆에는 주인이 심은 콩밭이 있는데 그 콩밭은 잡초가 제거된 채 깨끗했다. 하필 콩밭은 마을 사람들이 통행하면서 이용하는 길 바로 옆이라 잡초가 무성한 저자의 콩밭과 깨끗하게 정돈된 주인의 콩밭이 나란히 자리하게 되었다. 이목이 두려웠다. 동네 사람들이 콩밭을 덮어버린 잡초를 보고 '게으르거나 무심하다'라고 말할 게 뻔했다. 그리고 콩밭을 깨끗하게 관리하는 주인에게도 불똥이 튀어 본의 아니게 나쁜 평판을 듣게 될지 모른다.

이른 새벽 장갑이며 모자를 챙기고 장화를 신고 잡초를 뽑았다. 부지런한 동네 사람들은 한결같이 수고가 많다고 격려하면서 여름철엔 '풀과의 전쟁'이라는 말도 보탠다. 저자가 과민하게 받아들이는지 모르겠지만, 동네 사람들이 말씀하신 행간의 의미를 풀어보자면 '늦었지만, 이제라도 잡초를 뽑아버리니 보기 좋네요'라는 말이 아닐지 싶다. 이목에 신경 쓰여 잡초를 제거했지만, 사실 잡초와 콩은 공생할 수 없다. 콩에 있는 필요한 영양소를 그 녀석이 모두 가져가 버리니 풍성한 열매는 기대할 수 없을 것이다.

콩밭의 잡초를 제거한 후에 밭을 지나면 유달리 우리 밭이 돋보이고 오랫동안 관찰하게 된다. 인과(因果) 관계, 즉 결과에는 원인이 있기 마련이다. 튼실한 열매를 맺는 땅은 그 원인이 있다. 좋은 원인을 제공하면 좋은 결과를 기대할 수 있다. 나쁜 원인을 제공하고 좋은 결과를 기대하는 것은 고약한 심보다. 연습 삼아 심은 콩으로부터 배운 교훈이다. 세상일이 모두 다 인과응보(因果應報)다. 원인과 결과는 서로 연결되어 있다.

제4부

지(智)_시비지심(是非之心)
옳고 그름을 판단할 줄 아는 마음

민주주의의 꽃, 패자의 승복
미국 대선 패자의 승복 연설

민주주의의 이념과 원리를 실천에 옮기는 일은 절차가 복잡하고 비용도 많이 드는 일이다. 기본 상식만으로도 결론을 훤히 들여다볼 수 있는 사안조차도 굳이 민주적인 방식으로 의사결정을 해야 하는 경우가 비일비재하다. 민주주의란 절차와 과정의 정당성이 확보되지 않고서는 그 존재 기반을 상실한다는 점에서 절차의 번거로움과 그에 수반되는 비용을 감수하는 것은 당연한 일이라고 말할 수 있다. 민주주의는 절차의 예술이다.

　미국과 같은 대통령제에서 새로운 대통령을 뽑는 선거의 경우에는 차기 행정부의 수반이면서 국가 원수를 선출한다는 점에서 선거 과정은 물론 선거 결과를 놓고도 유권자들의 태도와 반응은 매우 민감할 수밖에 없다. 민주국가에서 선거는 국민축제라고 말하지만, 그 내면을 들여다보면 냉혹한 승자독식의 법칙이 작동하고 있다. 그러나 선거란 묘해서 1등과 2등 사이에 득표율이 박빙일 경우가 많다. 아예 1등이 압도적인 표 차이로 2등을 누르고 당선되면 패자로부터 이의제기를 받을 일도 없지만 그런 대선은 흔치 않다.

민주주의의 꽃은 패자의 승복 연설에서 핀다고 말할 수 있다. 승복 연설은 영어로 'concession speech'라고 한다. concession은 인정 또는 승인이라는 의미다. 승복 연설은 '패배 연설(defeat speech)'이 아니다. 승복 연설은 패자가 경쟁에서 패배를 승복하고 승자를 진심으로 축하하고 그를 지지했던 유권자들을 위로하면서 차기 행정부의 출범을 위해 협력한다는 내용을 담는다면 최상의 그림이 될 것이다. 그래서 패자의 승복 연설을 보면 후보 개인의 인격이 드러나기 마련이다. 자칫하면 2020년 대선에서 도널드 트럼프 전 대통령(재임 2017~2021)의 불복 연설처럼 지지자들의 분노를 폭발시키는 뇌관이 되기도 한다.

미국 민주주의는 대통령을 뽑는 선거에서 패자의 승복과 승자의 화해와 포용으로 유구한 역사를 지켜왔다고 볼 수 있다. 그러나 어디 모든 후보가 깨끗하게 승복하겠는가 싶다. 패배의 쓰라린 고통과 억울함을 승복의 미덕으로 승화시키기 어려운 후보도 많다. 제6대 대통령이었던 존 퀸시 애덤스(재임 1825~1829)는 1828년 대선에서 앤드루 잭슨 후보(재임 1829~1837)에게 패배한 뒤 곧바로 보따리를 싸 들고 한밤중에 백악관을 뛰쳐나왔다고 한다. 백악관에서 승자를 맞이한다는 것에 굴욕감을 느꼈기 때문이라고 한다. 후보자의 좁은 그릇을 의심하지 않을 수 없다. 1948년 해리 트루먼(재임 1945~1953)에게 패배한 토머스 듀이(전 뉴욕주지사)는 "손에 흰 백합을 쥔 채 관 속에 누워 있는 기분"이라며 패배를 죽음에 비유하기도 했다. 당시 선거에서는 모든 언론이 듀이의 대승을 예상할 정도로 듀이의 승리를 기정사실로 할 정도였다고 한다. 트루먼이 소속한 민주당 자체 조사에서도 트루먼의 참패를 예상했다. 여론조사기관에서는 트루먼과 듀이의 표 차가 두 배로 벌어지자 더는 조사를 하지 않을 정도였다. 듀이는 기대가 큰 만큼 실망도 컸을 것이다. 그래서 유권자의 표심은 뚜껑을 열어봐야 한다고 하지 않던가.

결과를 깨끗이 인정하는 패자의 승복 연설은 아름다운 것이다. 패자의 승복 연설은 국민의 심금을 파고들고 그를 지지했던 유권자의 아픔과 상처를 치유한다. 선거 후에 패자의 승복 연설은 승자를 지지했던 국민이건 패자를 지지했던 국민이건 모든 국민을 하나로 만드는 파급력을 가진다. 심금을 울린 패자의 연설은 선거가 국민을 통합하는 촉진제라는 생각을 하게 만든다. 관중이 감동은 없고 승패만 있는 경기를 외면하듯이, 선거 이후에도 여전히 이쪽 편과 저쪽 편으로 갈린 상태로 남는다면 그것은 후보자들의 책임이 크다고 할 것이다.

현대에 들어 미국 민주주의가 시험대에 올랐던 때가 두 번 있었다고 생각한다. 둘 중 하나는 비극으로 끝났고 아직도 종결되지 않은 채 진행 중이다. 하나는 2000년 대선 결과를 놓고 연방대법원까지 갔던 조지 W. 부시(공화당)와 앨 고어(민주당)와의 한판 대결이었다. 결론적으로 민주당의 고어 후보는 득표율에서는 앞섰지만, 선거인단 수에서 부시 후보에게 패배했다. 고어 후보는 "우리와 뜻을 함께했던 모든 사람에게 차기 대통령을 중심으로 굳게 단결할 것을 촉구합니다. 도전할 때는 맹렬히 싸우지만, 결과가 나오면 단결하고 화합해야 합니다. 이것이 바로 미국입니다"라고 승복 연설을 했다. 고어 후보가 법원의 판결에 따랐지만, 그의 승복 연설은 그의 자유의지에서 비롯되었다. 후보가 승복 연설을 할 것인가, 연설에 어떤 내용을 담을 것인가는 해당 후보의 의지와 인격에 달려있다. 고어 후보는 비록 선거 운동 과정에서 상대 후보와 맹렬히 싸웠지만, 선거 후 그 결과를 수용하고 국민의 단결과 화합을 주문했다. 해피엔딩이다.

두 번째 시험대는 2020년 대선에서 도널드 트럼프 후보와 조 바이든 후보와의 경쟁이었다. 선거 결과는 바이든 후보의 승리로 판정 났지만, 트럼프는 선거 결과를 부정하는 불복 연설로 그의 열렬한 지지자들이 국회의사당에 난입하도록 선동했다. 선량한 시민이 트럼피즘(Trumpism)이라는 바이러스에 감염되어 폭도가 되었다. 트럼프는 "우리는 선거에서 이겼습니다. 그것도 아주 크게 이겼습니다. 우리가 죽기 살기로 싸우지 않으면 우리는 더는 나라를 갖지 못하게 될 것입니다. 우리는 도둑질을 막아야 합니다"라고 하면서 선거 결과에 불복했다. 대선 결과를 선거 조작과 부정선거로 규정하고 지지자들을 저항하도록 부추기고 선동했다. 트럼프의 선동으로 그의 지지자들은 국회의사당에 난입하여 기물을 부수고 의사당을 폭력 점검했다. 심지어 트럼프는 조지아 주지사에게 선거 결과를 번복하도록 압력을 행사하기도 했다. 로마 광장에서 시민들을 선동하는 선동가(demagogue)를 보는 듯하다. 이날은 미국 민주주의의 사망을 알리는 날이었다. 더는 미국이란 나라는 다른 나라에 민주주의를 보급, 전파하는 선진국이 아니었다. 2024년 유력 대선 후보로 등장한 트럼프는 자신이 트럼피즘의 숙주가 되어 그 세력을 점점 넓혀나가고 있다. 세계가 미국 민주주의를 걱정하는 모양새이다.

트럼프의 불복 연설과는 다르게, 2013년 대선에서 공화당의 트럼프 후보와 맞붙은 민주당의 힐러리 클린턴 후보는 패배 후에 깨끗이 승복했다. "우리는 결과에 승복하고 미래로 나아가야 합니다. 트럼프에게 미국을 이끌 기회를 줘야 합니다"라고 말했다. 여성 대선 후보로서 힐러리는 여성에게 특별한 메시지를 남겼다. "모든 여성, 특히 자신들의 믿음을 제게 보여줬던 젊은 여성들에게 전합니다. 당신들의 지지만큼이나 나를 자랑스럽게 한 건 없었습니다. 우리는 아직 높고 단단한 유리천장을 깨지는 못했습니다. 하지만 언젠가 누군가가 유리천장을 깰 것입니다. 희망컨대 우리가 생각하는 것보다 빠를 수 있습니다." 얼마나 멋진가. 힐러리는 깨끗하게 승복하면서 자신의 메시지를 명료하게 전달했다. 이게 정치의 매력이고 정치인의 소명이다. 트럼프는 자신이 승리했을 때 패배한 후보로부터 승복 연설을 받았으면서도 자신이 패배했을 때는 불복 연설을 했다. 내가 하면 로맨스 남이 하면 불륜, 즉 내로남불의 전형이 아닐 수 없다.

저자는 승복의 품격과 본보기를 보여준 존 매케인(1936~2018)을, 미국을 대표하는 큰 정치인으로 존경한다. 존 매케인. 그는 1967년 10월 베트남 전쟁에서 해군 조종사로 활약 중 북 베트남군이 발사한 미사일에 격추돼 중상을 입은 채 탈출에는 성공했지만 전쟁 포로가 되었다. 1968년 7월 그의 아버지 잭 매케인 제독이 태평양 사령관이 되었을 때, 북베트남은 외부 선전 목적으로 조기 석방을 제안하였으나 매케인은 '먼저 들어온 사람이 먼저 나간다'라는 군인 수칙을 지켰다. 매케인은 본인보다 먼저 포로가 된 동료들이 모두 석방될 때까지 석방될 수 없다며 북베트남의 제안을 거절한다. 북베트남은 아들 매케인을 석방하게 되면 미군의 사기에 적잖이 부정적 영향을 미칠 것을 이용하려 했지만 뜻대로 되지 않았다. 아들 매케인은 아버지를 이용하지 않았다. 매케인은 5년 반이라는 긴 포로 생활을 했다.

베트남전 영웅에서 정치인으로 변신한 존 매케인은 2008년 대선에서 공화당 후보가 되었다. 그러나 매케인은 민주당의 버락 오바마 후보와 대결에서 패배했다. 매케인 후보는 지지자들 앞에서 승복 연설을 했다. 매케인은 "민주당이 역사적 승리를 함으로써 위대한 일을 해냈습니다. 당파 차이는 제쳐두고 미국이 다시 일어설 수 있도록 힘을 합칩시다. 실망감을 느끼는 것은 자연스러운 일입니다. 목표를 이루지 못했지만, 실패는 여러분의 것이 아닌 저의 것입니다." 선거 패배의 책임이 전적으로 매케인 자신에게 있다면서 지지자를 다독이고 위로했다. 그리고 매케인은 오바마 당선자에게 전화를 걸어 당선을 축하했다. 오바마 당선인은 "매케인 후보는 대선 과정에서 열심히 싸워줬습니다. 앞으로 국정 운영에서 매케인의 도움이 필요합니다. 그와 함께 일하게 되길 원합니다"라고 화답했다. 이렇게 해야 승자도 패자도 하나가 되고 민주주의의 꽃은 만개한다. 선거 후유증은 최소화되고 국민은 다시 일상으로 돌아가게 된다.

　승복 연설을 하고 덕담을 주고받는 것은 선거 후의 아름다운 광경이다. 매케인의 위대성은 그가 승복 연설을 하는 데 그치지 않고 상대방 후보의 장점을 부각하여 칭찬했다는 것이다. 대선 결과가 나온 뒤에 승복 연설을 하는 것에 그치지 않고 더 나아가 상대 당선자를 칭찬하기는 결코 쉬운 일이 아니다. 매케인은 오바마 당선자에게 "그의 성공 자체만으로 존경받을 만하다. 게다가 많은 미국인에게 희망의 영감을 주면서 성공했다는 점은 깊이 감탄하는 바이다(His success alone commands my respect, but that he managed to do so by inspiring the hopes of many Americans is something I deeply admire)"라며 찬사를 아끼지 않았다. 더 나아가 매케인은 자신보다 25살이나 어린 오바마 후보에 대해 "선거에서 승리한 것만도 칭찬받아 마땅한 데 그동안 정치에서 소외됐던 많은 이에게 희망을 주면서 승리한 것은 더욱 존경받아 마땅합니다"라는 메시지도 전했다. 매케인 후보에게 투표했던 지지자를 생각하면 중립적인 단어를 선정하여 승복 연설을 하는 것이 일반적인 정치적 수사법이지만 매케인은 달랐다. 언론에서는 매케인의 승복 연설을 '가장 품격 있는 패배 연설(the most gracious concession speech)'로 평가했다. 베트남전 영웅이 대통령 선거에서도 영웅적인 품격과 관용을 보여주었다. 매케인은 '세상을 바꾸는 것은 사람의 품격, 즉 인격이다'라는 그의 철학과 신념을 실천에 옮겼다. 미국 언론이 매케인을 왜 미국의 양심이라고 치켜세웠는지 이해된다.

매케인의 승복 연설이 미국 민주주의의 품격을 보여주었다면, 2004년 대선에서 민주당 후보로 출마하여 공화당 후보 조지 W. 부시에게 패배했던 존 케리의 승복 연설은 정치인의 품격을 보여주었다고 생각한다. 케리 후보는 개표 결과가 박빙으로 나타나고 2000년 대선의 재판이 될 수도 있는 상황에서 깨끗하게 승복했다. 케리 후보는 "선거 결과는 유권자들에 의해 결정돼야지 지루한 법적 소송이 결정할 일이 아닙니다"라고 말하며 선거 결과를 법정까지 끌고 가지 않았다. 과거의 선거 혼란과 국민 분열에서 얻은 교훈을 되풀이하지 않겠다는 케리 후보의 단호한 의지였다. 케리 후보는 "이제는 분열을 치유할 시간입니다. 미국 선거에서 패자는 없습니다. 당선이나 낙선과 관계없이 모든 후보는 다음 날 아침이면 미국인으로 눈을 뜨기 때문입니다. 이것이야말로 우리에게 주어진 가장 영광스럽고 괄목할 만한 재산입니다"라는 연설로 승복했다. 문학 작품의 한 구절을 읽는 듯 심금을 울렸다. 진정한 정치인이라면 선거 후에 이리저리 찢기고 갈라진 틈새를 다시 메꾸고 당파와 정파를 넘어 하나의 국민으로 되돌아가도록 촉진해야 하는 사람이다. 진정 국가를 위하고 국민을 생각하는 정치인은 통합의 촉진자여야 한다.

지구상에서 가장 대표적인 다문화 국가인 미국을 하나로 묶는 힘은 어디서 나오는 것일까. 그것은 바로 당파와 정파를 뛰어넘는 국가의 정치 지도자(statesman)에게서 비롯된다. 국가를 대표하는 대통령은 선거에서 뽑히는 순간 자신에게 투표한 지지자들만을 위한 대통령이 아니다. 대통령이 국민의 분열을 치유하고 하나로 통합하는 데 솔선수범해야 하는 이유이다. 2024년 11월 예정된 미국 대통령 선거의 귀추가 주목된다. 정치는 생물이라 언제, 어떻게 변형될지 모르겠지만, 현재의 분위기로 보면 공화당 후보로 나선 트럼프 전 대통령과 바이든 현 대통령 간의 리턴 매치가 될 가능성이 높다. 차기 대선의 관전 요점은 누가 미국 대통령에 당선되느냐도 중요하지만, 대선 결과에 대한 승복 여부를 놓고 미국 민주주의가 시험대에 놓이게 될지 걱정되는 것은 저자만이 아닐 것이다. 미국 민주주의의 위기는 곧 세계 민주주의의 위기이기 때문이다.

결정한다는 것
'내려놓는다'라는 말과 동의어

사람에겐 피할 수 없는 공통점이 두 가지가 있다. 죽는다는 것과 선택하는 것이다. 사르트르가 말했다고 하던가. "삶이란 B(Birth)와 D(Death) 사이의 C(Choice)이다." 사람이라면 언젠가 죽기 마련인 것에 대해 토를 달 사람은 없을 것이다. 문제는 선택, 즉 결정이다. 무슨 선택이고 무슨 결정이란 말인가. 가만히 생각해 보자. 우리는 매시간, 매일 선택의 갈림길에 서 있다. 야구 투수가 어떤 볼을 던질까를 선택하는 것처럼 우리의 일상에서도 무슨 옷을 입을까, 어떤 말을 할까, 어떤 음식을 먹고 어떤 차를 마실까 등 끊임없는 선택의 딜레마에 빠진다. 요즘은 죽음을 놓고도 어떻게 죽음을 맞이할 것인가를 선택하는 시대이기도 하다. 모든 것이 선택의 결과이다. 선택하지 않은 것 자체도 선택한 것이다.

독일어로 '결정'을 의미하는 단어는 'ent-Scheidung'이다. 눈여겨보아야 할 것은 scheidung에 '이별'의 의미가 내포되어 있다는 것이다. 결정하는 데 웬 이별 이야기를 하는가. 사람이 결정을 내리는 행위는 무엇인가에서 떠나는 이별과 같은 행위이기 때문이다. 사람이 결정하는 것은 단지 여러 개의 선택지 중의 하나를 선택하는 행위에 머무는 것이 아니다. 그 결정을 하기 위해 스스로 무엇인가를 내려놓거나 과거와 이별해야 한다.

세계적인 경영 컨설턴트인 보도 섀퍼(Bodo Schäfer)는 결정이 왜 내려놓는 행위인가에 대한 적절한 사례를 제시한다. 원숭이 사냥꾼과 원숭이에 관한 이야기다. 아프리카에서 원숭이를 사냥하는 방법은 의외로 간단하다고 한다. 사냥꾼들은 지름 6cm 정도의 나무 구멍에 달걀 정도 크기의 돌을 집어넣어 둔다. 이때 사냥꾼들은 뭔가 비밀스러운 물건을 집어넣는 것처럼 할리우드 액션을 한다. 호기심이 많은 원숭이는 사냥꾼의 행동을 관찰하고 있다, 사냥꾼이 물러난 뒤 나무 구멍에 손을 집어넣는다. 원숭이는 보물을 손에 넣듯이 돌을 움켜쥔 상태로 손을 빼려고 하지만, 돌을 움켜쥔 손은 빼낼 수가 없다. 손에 쥔 것을 놓지 않은 원숭이는 낑낑거리다 사냥꾼에게 잡히고 만다.

원숭이가 손을 빼내야겠다고 결정을 내린다면, 손에 움켜쥔 돌을 내려놓아야 할 것이다. 그러나 원숭이는 내려놓지 못한다. 손에 쥔 돌은 과거다. 과거에서 벗어날 결정을 한다면 돌을 내려놓아야 한다. 과거와 이별하지 못하고 계속 돌을 움켜쥐고 있는 원숭이는 붙잡힌다. 결정이란 말에 '내려놓는다'와 '이별'이라는 뜻이 담겨 있는 이유를 알게 해주는 재밌는 일화가 아닐 수 없다.

'햄릿 증후군'도 원숭이가 움켜쥔 돌을 내려놓지 못하고 과거와 이별하지 못하는 상황과 비슷하다. 셰익스피어의 비극 주인공 햄릿은 "사느냐 죽느냐, 그것이 문제로다(To be or not to be, that is the question)"라고 독백한다. 햄릿 증후군은 햄릿이 이러지도 저러지도 못하고 망설이는 우유부단(優柔不斷)을 상징하는 말이다. 어디 햄릿뿐이겠는가. 대다수 현대인은 결정장애(선택 불가 증후군 또는 우유부단 증후군)에 시달리고 있다고 해도 지나치지 않다. 홍수처럼 넘쳐나는 정보 과잉의 시대에 어물어물하며 쉽게 결단을 내리지 못한다. 저자 역시 백화점에서 옷을 살 때는 햄릿이 되고 만다. 브랜드와 상품이 넘쳐나는 매장에서 어떤 옷을 사야 할지 몰라 끙끙거릴 때가 많다. 그럴 때 매장 직원이 최근 유행이라든지 나이별, 취향별에 따라 옷을 골라주면 십중팔구는 그에 맞춰 구매하게 된다. 그래서인지 저자와 같은 소비자에게 서비스를 전문으로 해주는 '큐레이션(curation)' 서비스가 주목받고 있다고 한다. 어디 의류뿐이겠는가. 식당의 음식점에서 음식을 고르거나 보험상품에 가입할 때, 여행지를 선택할 때도 큐레이션 서비스를 받는다. 앞으로 세상은 결정장애를 앓고 있는 사람들이 더욱 쉬운 선택을 할 수 있도록 도와주는 서비스가 진화하게 될 것이다.

뭔가를 결정하는 것은 뭔가를 내려놓는 것이다. 내려놓는 것은 무소유(無所有)와 연결된다. 무소유란 단순히 아무것도 갖지 않는다는 것이 아니라 불필요한 것을 갖지 않는 것이다. 내려놓지 못해, 즉 과거와 이별하지 못해 결정장애를 겪는 현대인의 특성은 불필요한 생각이나 물건을 지나치게 많이 소유하고 있는데 있지 않을까 싶다. 생각을 맑고 단순하게 하고 필요한 물건만 지니고 있으면 결정을 내리는 것이 더 쉬워질 것이다. 단순함과 간결함을 추구하는 미니멀리즘(minimalism)이 필요한 시대다. 불필요한 물건이나 일을 줄여서 자신이 가진 것에 만족해야 한다. 역설적으로 물건을 적게 소유하게 되면 생활이 단순해지고 오히려 삶이 풍요로워진다. 소유는 행복과 비례하지 않는다.

왜, 사람은 결정하지 못하는 것일까? 무엇보다 잘못된 결정을 내릴 것에 대한 두려움 때문이 아닐지 싶다. 엄격히 말하면 잘못된 결정이란 없는 법이다. 다른 결정을 했거나 다른 생각을 했을 뿐이다. 그리고 그 결정이 다른 결과를 초래했을 뿐이다. 사람은 완벽할 수 없으므로 완벽한 결정 또한 있을 수 없다. 사람들은 하나의 안건을 놓고 서로 다른 결정을 내린다.

이것 하나만 기억하면 우리가 설령 잘못된 결정을 내리더라도 자신에게 관대할 수 있을 것이다. '인간은 생존과 존엄 사이에서 고뇌하고 갈등하며 결정하는 존재이다. 그리고 인간이란 존재 자체가 결핍을 지니고 있어 그것을 다른 존재로부터 채워 받는다.' 2008년 미국 대통령 선거에서 공화당 대통령 후보로 버락 오바마 민주당 후보와 대결하여 패배했던 존 매케인(John McCain)의 사례를 눈여겨볼 필요가 있다(매케인이 어떤 인물인가에 대해서는 '민주주의의 꽃, 패자의 승복'에서 말했다). 매케인은 포로 생활 중 혹독한 고문을 견디다 못해 미국을 비난하고 북베트남을 찬양하는 거짓 진술문을 낭독해 녹음했다. 이것은 인간으로서 생존을 위한 결정이었다. 매케인의 결정은 선택의 자유가 없는 강요된 결정이었다. 매케인의 위대성은 포로에서 석방된 뒤에 드러난다. 그는 공개적으로 자신의 거짓 자백을 숨기지 않고 인정했다.

사람은 과거와 이별하기 어렵다. 그래서 역사는 되풀이되는 것이다. 류시화 시인은 〈새는 날아가면서 뒤돌아보지 않는다〉에서 우리가 왜 과거와 이별해야 하는가를 역설한다. 뒤돌아보는 새는 죽은 새나 마찬가지다. 뒤돌아보는 것은 과거에 집착한 것이다. 그 과거가 좋은 것일 수도 있고 나쁜 것일 수도 있지만, 과거는 새의 날개에 무거운 돌을 매다는 것과 같아 새가 더는 날 수 없기 때문이다. 사람도 마찬가지다. 사람은 과거에서 벗어날 때, 과거의 집착을 내려놓을수록 자유롭다. 자유로워지고 싶거든 과거와 결별해야 한다.

요즘 존엄사(well-dying)에 관심이 많다. 어떻게 죽을 것인가에 방점을 둔다. 인간의 궁극적인 종착점인 죽음에 대한 관심이 폭발한 것이다. 무한한 삶이라면 어떻게 잘 살 것인가에만 매달릴 것이지만, 유한한 삶에 대한 의식이 고조되면서 잘 사는 것도 중요하지만 생을 잘 마치는 것은 더 중요하다고 생각하게 된 것이다. 사람은 태어날 때는 주먹을 쥔 채 어머니 자궁에서 나오지만, 죽을 때는 주먹을 편 채 눈을 감는다. 비로소 마지막 숨을 쉬면서 모든 것을 내려놓는다. 내려놓는다는 것, 과거와 이별하는 것은 일생에 걸쳐서도 어려운 행위이다.

대다수 현대인이 앓고 있는 결정장애를 피할 사람은 드물 것이다. 그러나 우리는 이 장애물을 뛰어넘을 수 있다. 나무 구멍에 놓인 돌을 손에 쥐었지만, 구멍에서 나올 때는 쥐었던 돌을 다시 놓을 줄 안다. 한번 내려놓을 줄 아는 사람은 다음번에 내려놓는 일이 훨씬 쉽다. 내려놓는 것은 곧 자유로워지는 것이고 더 멀리 날 수 있기 때문이 아니겠는가. 존엄사는 내려놓는 것, 과거와 이별할 수 있는 자유의지를 가지는 것에서 시작되는 것이 아닐지 싶다.

📖 딜렌슈나이더, 로버트. (2020).《결정의 원칙》. 이수정 옮김. 서울: 인플루엔셜.

류시화. (2012).《사랑하라 한번도 상처받지 않은 것처럼》. 서울: 오래된 미래.

_____. (2021).《새는 날아가면서 뒤돌아보지 않는다》. 파주: 더숲.

매케인, 존 & 솔터 마크. (2009).《고독한 리더를 위한 6가지 결단의 힘》. 안혜원 옮김. 파주: 살림.

섀퍼, 보도. (2018).《이기는 습관》. 박성원 옮김. 서울: 토네이도미디어그룹.

학습(學習)
실행을 위해 반복하는 날갯짓

우리는 창공을 나는 새를 무심히 바라보지만, 새는 그렇게 날기 위해 얼마나 연습했을까에 대해서는 깊이 생각하지 않는다. 마치 날기 위해 태어난 것처럼 보이는 새지만, 어린 새가 태어나자마자 잘 날 수 있는 것은 아니다. 새도 날기 위해 부단히 노력한다. 독수리는 높은 바위에서 일부러 새끼를 떨어뜨린다고 하지 않던가. 세상 이치는 그것이 인간이든 동물이든 힘든 훈련이나 연습 없이 원하는 결과를 얻지 못한다. 피겨 여왕 김연아 선수가 세 바퀴 공중회전을 완성하기 위해 얼마나 연습했겠는가.

학습을 새의 날갯짓에 비유한다. 학습(學習)은 학(學)과 습(習)으로 이루어진 단어다. 배울 '학'을 모르는 사람은 없을 것이다. 눈여겨보아야 할 한자는 익힐 '습(習)'이다. 習 자는 羽(깃 우) 자와 白(흰 백) 자가 결합한 모습이지만, 갑골문에는 白 자가 아닌 해일(日) 자에 깃 우(羽) 자가 그려져 있었다고 한다. 習 자는 새가 하늘을 나는 모습을 표현한 것으로 새의 날개깃이 태양 위에 있는 것으로 볼 때, 習 자는 매우 높이 나는 새의 모습을 표현한 것이다. 어린 새가 수없이 나는 법을 배우고 익혀 결국엔 태양 위에까지 날 수 있게 되었다는 뜻이다.

《논어》학이 편에 '여조삭비(如鳥數飛)'라는 말이 나온다. 여조삭비는 학습자가 배우고 익히는 기본 원리를 설명한다. 새가 하늘을 날기 위해서는 쉬지 않고 부단하게 날갯짓해야 하는 것처럼 배우는 사람 역시 쉬지 않고 연습하고 익혀야 그 이치를 온전히 터득할 수 있다는 뜻이다. 즉, 배움과 익힘에는 반복된 노력이 필요하다. 習이 들어간 습관(習慣)도 어떤 행위가 오랫동안 반복되는 과정에서 저절로 익혀진 행동 방식이나 버릇을 말하는 것이다.

학습의 근원적인 원리는 인간이나 동물에게도 똑같이 적용된다. 수없이 반복하여 날갯짓하는 것이다. 반복 학습의 원리, 즉 삭비(數飛)다. 여기서 삭(數)의 의미는 '여러 번 되풀이한다'의 뜻이다. 교문을 삭비문(數飛門)으로, 도서관을 삭비관(數飛館)으로 부르는 학교들이 있다. 교문이나 도서관이라는 이름보다 삭비문, 삭비관이란 이름에서는 학생들이 진리를 파지하고 꿈을 펼치기 위해 날갯짓을 하는 역동성을 느낀다.

삭비의 원리는 인지기능이 활발한 청소년이건 그 기능이 떨어지는 성인 학습자에게도 학습 원리의 핵심이 된다. 저자도 그런 경우를 겪고 있지만, 성인 학습자들은 책을 읽는 과정에서는 무슨 내용인 줄 알아도 책상에서 일어나면 머리가 하얗게 되고 만다고 한다. 세월의 무게를 이겨낼 수 없는 일이다. 이를 극복하는 최상의 방법은 읽고 또 읽으면서 반복 학습을 해야 한다. 마치 어린 새가 날갯짓하며 비행 연습을 하는 것처럼 말이다. 한석봉 어머니의 이야기를 굳이 할 필요는 없을 것이다.

인류 역사를 통틀어 학습자의 본(本)은 누구일까? 저자는 주저 없이 공자라고 말할 것이다. 공자만큼 배우기 좋아하고 실행하는 데 노력한 위인도 드물 것이다. 학습에 열심이었던 공자는 그것을 큰 자부심으로 여겼다. "열 집이 모여 사는 마을에도 반드시 나만큼 충성과 신의가 있는 사람은 있겠지만, 나만큼 배우기를 좋아하는 사람은 없을 것이다." 충성과 신의를 따지면 최고라고 자신할 수 없지만, 배움에서만큼은 공자 자신이 최고일 것이라는 말이다. 《논어》의 첫 장에서도 '배우고 익히면 기쁘지 아니한가(學而時習之 不亦說乎)'로 시작한다. 그러면서 공자는 배움에 겸손했다. "나는 나면서부터 아는 사람이 아니다. 옛것을 좋아해서 부지런히 그것을 구하는 사람이다." 공자는 자신이 천재나 신동이 아니라 부지런히 배우는 사람이라고 말한다.

무엇보다 공자는 배움에 그치지 않고 실천하려고 노력했다. 말만 번지르르한 게 아니라 배움을 몸소 행하는 게 인(仁)이라고 했다. 언변에는 능하지만 게을러서 낮잠을 자는 제자 재여(宰子)에게 공자는 "썩은 나무는 조각할 수 없고, 썩은 흙으로 친 담은 흙손질을 할 수 없다. 옛날에는 남이 뭐라 하면 그 말을 그냥 받아들였는데, 지금은 남이 뭐라 해도 그의 행실을 보고 다시 확인하게 되었다. 이것은 재여 때문에 그렇게 된 것이다"라고 꾸짖었다. 배움의 자세와 지행합일(知行合一)의 뜻이 오롯이 담긴 꾸짖음이다.

공자천주(孔子穿珠). 문자 그대로 '공자가 구슬을 꿴다'라는 뜻이다. 공자는 천하를 주유하면서 아홉 구비가 구부러진 구멍이 있는 진귀한 구슬을 갖게 되었다. 공자에게 구슬은 품속에 간직하고 다니는 부적과 같은 물건이었다. 공자는 구슬의 구멍에 실을 꿰는 방법을 생각하며 무려 13년 동안 구슬을 품속에 넣고 다녔다. 어느 날 공자는 누에를 치기 위해 뽕을 따는 아낙네에게 실을 꿰는 비결을 물었다. "조용히 생각하십시오. 생각을 조용히 하십시오(密爾思之 思之密爾)"라고 대답했다. 마침 그때 공자의 눈앞에 개미 떼의 모습이 보였다. 공자는 즉시 개미를 잡아다가 개미허리에 실을 매었다. 그리고 개미를 구슬의 한쪽 구멍에 밀어 넣고 다른 출구 쪽 입구에 꿀을 발라 유인했다. 실을 맨 개미가 꿀을 찾아 출구를 나옴으로써 실이 꿰어졌다. 공자는 아낙네의 말 중 "조용히 생각하십시오"라는 말 중 '조용한 밀(密)'에서 '꿀 밀(蜜)'을 떠올렸고, 개미를 본 순간 꿀을 연상함으로써 비결을 터득해 냈다(최인호, 326-329 재인용).

공자천주는 여러 가지 생각을 하게 만든다. 무엇보다 공자는 불치하문(不恥下問)을 실천했다. 누에를 치기 위해 뽕을 따는 아낙네에게 구슬에 실을 꿰는 비결을 물었다. 공자는 문제를 해결하는 방법을 찾기 위해 직업의 귀천을 따지지 않고 묻고 그 답을 구한 것이다. 무엇보다 공자천주는 배움을 실천에 옮기려고 부단히 노력하는 학습자에게 큰 격려가 된다. 공자는 무려 구슬을 13년 동안 품속에 간직하며 실을 꿰려고 했다. 일반적으로 공자천주는 공자 자신을 알아주는 현명한 군주를 만나 실이 꿰어진 보배가 될 것이라는 공자의 집념으로 해석하지만, 공자의 앎에 대한 끈질긴 노력과 문제를 해결하려는 실행력으로 평가하고 싶다.

학습은 실행을 요구하는 행동 지향성이다. 학습은 책에서 배운 이론에 그치는 것이 아니다. 학습의 진가는 이론과 경험이 결합 상승하는 경험 학습에서 나온다. 저자는 경험학습과 관련하여 정주영 회장(1915~2001)

을 모델로 삼고 있다. 정 회장은 한문 서당과 초등학교밖에 나오지 않았지만, 농촌에서 농사를 짓고 공사장에서 막노동하며, 정미소와 자동차 수리 등 중소기업을 직접 경영하면서 겪었던 시행착오 등 그가 쌓은 경험학습은 그만의 특별한 경영 자산이 되었다. 정 회장의 가방끈은 짧지만, 여기에 그의 다채로운 경험학습을 더하면 어느 석학(碩學)이 부럽지 않을 정도다. 정 회장이 기업을 경영하면서 끄집어낸 기발한 아이디어들은 그의 특별한 경험학습에서 비롯되었다고 생각한다. 그는 '시련은 있어도 실패는 없다'라는 신념으로 온갖 난관을 돌파했다. 정주영 회장이 경영 상황이나 기술의 한계를 핑계로 시도하길 주저하는 참모들에게 하던 말이 있다. "해보긴 해봤어?" 그는 실행력을 강조했다. 그스스로 그보다 나이가 어리거나 사회적 지위가 아래라 해도 모르는 것을 물어 배우고 또 배웠다. 불치하문(不恥下問)을 실천하는 학습의 대가였다. 정 회장은 끊임없이 배우고 익히는 학습을 하고 학습의 결과를 실행에 옮기면서 그가 세운 현대를 세계 굴지의 기업으로 키워냈다. "나는 누구에게든, 무엇이든, 필요한 것은 모두 배워 내 것으로 만든다는 적극적인 생각, 진취적인 자세로 작은 경험을 확대해 큰 현실로 만들어 내는 것에 평생 주저해 본 일이 없다."

저자는 정주영 회장과 관련된 많은 일화를 이야기할 때는 부산 유엔군 묘지 단장 녹화 사업과 서산 간척지 사업에 얽힌 일화를 빼놓을 수 없다. 1952년 1월, 한국전쟁에 참전한 각국 유엔 사절이 유엔군 묘지에 참배할 계획이었다. 미 8군 사령부에서는 묘지를 파란 잔디로 단장할 계획, 즉 유엔군 묘지 녹화 공사를 정주영 회장의 현대건설에 발주했다. 엄동설한에 잔디를 어디서 구한다는 말인가. 정주영 회장의 경험학습은 기발한 착상으로 이어졌다. 난관에 봉착할수록 경험학습의 진가는 그 빛을 발휘하는 법이다. 그는 유엔군 사령부로부터 묘지를 파랗게 만들기만 하면 된다는 확인을 받은 후, 낙동강 연안의 보리밭을 통째 사들여 파란 보리들을 옮겨 묘지에 심었다. 참배를 마친 유엔 사절단이 멀리서 묘지를 보았을 때, 묘지는 파란 잔디로 단장되어 있었다. 미군 사령부에서는 정 회장의 기상천외한 아이디어에 원더풀을 연발하며 감탄했다. 그 뒤로 미 8군의 공사는 현대건설의 독차지가 되었다고 한다.

1980년에 착공하여 1995년에 완공된 서산 간척지 사업은 우리나라의 지도를 바꿔놓은 대역사였다. 면적만 해도 여의도의 33배에 달한다. 정 회장의 경험학습에서 비롯된 원대한 구상이고 실행이다. 정주영 회장은 간척사업 구상이 어느 날 갑자기 생각난 것이 아니라고 말했다. 정 회장은 고향 통천에서 부친이 밭 한 떼기를 만들기 위해 새벽부터 저녁까지 허리를 펴지 못하고 손이 갈퀴가 되어 자갈을 추리고 괭이질했던 그 장면을 잊지 못했다. 정 회장은 자서전에서 자신의 넓은 농토를 갖고 싶은 부친의 한(恨에) 가까운 염원을 풀어드리고 싶은 잠재의식이 발동했고, 이것이 간척지 구상의 씨앗이 되었다고 썼다. 정 회장은 서산 간척지 내 서산농장에 유독 관심이 많았는데, 모 일간지와의 인터뷰에서 이렇게 말했다. "서산농장은 그 옛날 손톱이 닳아 없어질 정도로 돌밭을 일궈 한 뼘 한 뼘 농토를 만들어 가며 고생하셨던 내 아버님 인생에 꼭 바치고 싶었던, 이 아들의 때늦은 선물이다. 서산농장은 내게 농장 이상의 의미가 있다. 그곳은 내가 마음으로 혼으로 아버님을 만나는 나 혼자만의 성지 같은 곳이다."

간척지 조성에서 가장 어려운 공정은 방조제를 만드는 일이다. 서산

천수만은 큰 조수간만의 차이 때문에 유속이 거세 현대식 장비로도 손 쓸 방법이 없을 정도였다. 난관에 부딪히면 어김없이 정 회장의 아이디어가 번뜩였다. 그는 유조선 공법을 이용했다. 고철선(船)을 끌어다 물줄기를 막아 놓고 양쪽 방조제에서 바윗덩어리를 투하하며 성공적으로 물막이 공사를 했다. 이 기발한 아이디어는 생중계될 정도로 국민의 높은 관심을 받았으며, 2백 90억 원의 공사비를 절감했다고 한다. 정주영 공법이 탄생하게 된 배경이다.

거듭 강조하지만, 학습은 배움과 익힘의 과정이다. 배움의 과정과 익힘의 과정은 별개다. 배운 것을 자기 것으로 만드는 과정, 즉 내재화 과정을 거치는 것이 익힘의 과정이다. 학습자는 학습의 과정에서 학(學)만 넘치고 습(習)이 부족하지 않은지 되돌아보아야 한다. 날기 선수인 조류의 어린 새가 부모 새의 나는 모습을 보는 것이 학(學)이라면, 그 어린 새가 수 없는 날갯짓을 하며 드디어 높은 창공을 날 수 있는 것은 습(習)의 결과이다. 학(學)이 책상머리라면, 정주영 회장의 "하긴 해봤어?"라는 신념으로 현장에서 수많은 시행착오를 하며 날갯짓하는 것은 습(習)이다. 실행을 위한 과정인 학습, 즉 지행합일을 위한 학습이야말로 세상을 변화시키고 인류를 진보시키는 학습의 독창성과 위대성이 아닐지 싶다. 실행 중심의 학습을 강조하는 정주영 회장의 어록이다. "대학에서 이론만 조금 배우고 졸업해서 현장에 나가면 이론만 신봉하면서 모두 어찌할 바를 모르고 자신 없어 한다. 학교에서 가르친 이론대로만 따랐다가는 돈도 시간도 엄청난 낭비를 피할 수 없다." 모름지기 이론과 실제는 조화를 이루고 병행해야 한다. '배우기만 하고 생각하지 않으면 얻음이 없고, 생각만 하고 배우지 않으면 위태롭다'라는 공자의 말씀도 이론과 실제의 조화를 강조한 말이 아니겠는가.

📖 맥스웰, 존. (2013).《어떻게 배울 것인가》. 박산호 옮김. 서울: 비즈니스북스.

박상하. (2009).《이기는 정주영, 지지 않는 이병철》. 서울: 도서출판무한.

신창호. (2009).《인간, 왜 가르치고 배우는가》. 고양: 서현사.

아산 정주영과 나 편찬위원회. (1997).《아산 정주영과 나》. 서울: (재)아산사회복지사업재단.

이민규. (2016).《실행이 답이다》. 서울: 더난출판.

정주영. (1992).《시련은 있어도 실패는 없다》. 서울: 현대문화신문사.

최인호. (2012).《소설 공자》. 서울: 열림원.

김재근. (2023).《대전일보》.〈서산 간척지 '정주영 기념관'을 추진하는까닭은?〉. 2월 19일.

전인교육(全人教育)
그 순서는 체육(體育), 덕육(德育), 지육(智育)으로

우리나라 학교 건물 중앙에 '전인교육(全人教育)'이란 표어를 새겨 넣은 학교가 많다. 전인(全人), 즉 온전한 인간을 양성하는 것이야말로 교육이 추구하는 본질적인 목표일 것이다. 전인교육이란 무엇인가? 사전적으로는 '원만한 인격자를 기르기 위하여 인지적 · 정의적 · 심동적 영역의 완전한 조화를 지향하는 교육'이라고 정의 내린다. 다른 관점에서 설명하면, 전인교육(whole-person education)은 학생의 좌뇌와 우뇌를 균형 있게 발달시키는 것이다. 전인교육은 좌뇌가 주로 담당하는 이성과 우뇌가 담당하는 감성이 서로 조화와 균형을 이루게 하는 것이다.

　우리나라 학교 교육의 현실은 어떤가? 교사(校舍) 중앙에 큼지막하게 써 걸어놓은 전인교육이란 현수막은 전시용에 불과하다는 것을 모르는 사람은 드물 것이다. 학교 교육은 그야말로 입시교육에 함몰되어 있다. 교육이 추구하는 본질과 실제는 완전히 다르게 돌아간다. 시험의 가중치가 높은 국어, 영어, 수학을 위주로 배우면서 인문 사회와 예체능 과목 등은 변방으로 내몰리고 있다. 주로 좌뇌의 용량을 키우는 교육이

다. 아이들이 졸업하고 나면 좌뇌가 기울어진 채 사회로 진출하거나 대학에 진학한다.

우리나라에서 전인교육이란 용어는 현대에 와서 생긴 말이 아니다. 19세기 말 고종은 전인교육의 취지를 담은 '교육 조서'를 발표했다. '교육입국(敎育立國) 조서'라고도 한다. 조서는 임금의 명령을 일반에게 알리는 칙서다. 위기에 처한 나라를 교육으로 새로 세워보자는 야심에 찬 취지다. 조서 일부를 옮겨본다.

> 이제 짐은 교육하는 강령을 제시하여 허명을 제거하고 실용을 높인다. 덕양(德養)은 오륜(五倫)의 행실을 닦아 풍속의 기강을 어지럽히지 말며, 풍속과 교화를 세워 인간 세상의 질서를 유지하고 사회의 행복을 증진할 것이다. 체양(體養)은 동작에는 일정함이 있어서 부지런함을 위주로 하고 안일을 탐내지 말며 고난을 피하지 말아 너의 근육을 튼튼히 하며 너의 뼈를 건장하게 하여 병이 없이 건장한 기쁨을 누릴 것이다. 지양(智養)은 사물의 이치를 연구하는 데서 지식을 지극히 하고 도리를 궁리하는 데서 본성을 다하여 좋아하고 싫어하며 옳고 그르며 길고 짧은 데 대하여 나와 너의 구별을 두지 말고 상세히 연구하고 널리 통달하여서 한 개인의 사욕을 꾀하지 말며 대중의 이익을 도모하라. 이 세 가지가 교육하는 강령이다.

고종은 교육 강령에서 유교 경전 중심의 교육을 지양하고 덕육(德育), 체육(體育), 지육(智育)의 교육을 지향할 것을 표방하고 있다. 조선의 교육이 추구해야 할 교육의 세 가지 방향을 잡았다는 점에서 의의가 있다

(이른바 덕육, 체육, 지육의 삼양(三養) 교육은 19세기 미국 중등교육 강령으로 육영공원 교사로 조선 정부의 초청을 받은 호머 헐버트가 고종에게 전한 것으로 알려졌다). 당시로서는 유교 국가 조선이 실용적인 교육으로 대변환을 추구하겠다는 혁신적인 발상이다. 유교 경전 중심의 교육은 오늘날 암기식 교육 내지는 주입식 교육방식의 다른 이름일 것이다. 한 세기가 훌쩍 지났지만, 우리나라 교육의 형식과 내용은 별반 달라지지 않았다.

고종의 칙서에서 주목해야 할 내용은 교육의 3대 지향점이 덕양(德養), 체양(體養), 지양(智養)이라는 것이다. 교육의 첫째 목적은 어디까지나 인격을 닦는 것이고, 둘째가 체력을 강건하게 하고, 셋째가 지적 능력을 함양하는 것이다. 요즘 지덕체 교육은 고종의 덕체지 교육의 순서를 바꾼 것이다. 덕체지가 지덕체로 바뀐 것은 서양의 교육이 본격적으로 우리나라에 이식되면서이다. 서양의 학교에서는 이상적인 인간형으로서 지(head), 덕(heart), 체(hands)의 균형 잡힌 인간을 지향했다. 심리학에서는 지덕체를 인지적, 정의적, 심동적이라는 용어로 대체하였다.

저자는 고종이 전인교육의 목표를 '덕체지'의 교육으로 삼은 것에 주목하면서 그 순서를 바꿔야 한다고 생각한다. 덕의 수양을 최고의 수신(修身) 덕목으로 여겼던 유교 국가 조선에서 교육 목표의 최우선은 덕양(德養)이 되어야 할 것이다. 이제는 우리 교육이 지향하는 교육의 우선순위는 '체덕지'가 되어야 한다고 생각한다. 인간은 몸도 마음도 건강해야 덕을 함양하고 지적으로도 성장할 수 있기 때문이다. '건강한 신체에 건강한 정신이 깃든다(A sound mind in a sound body)'라고 하지 않던가.

부산교육청의 '아침 체인지(體仁智)' 프로그램에 주목한다. 체인지는 영어의 'change' 발음과 같다. 학교 교육의 변화다. 학교 수업 시작 전 아이들은 뛰기, 걷기, 줄넘기, 피구 등 다양한 운동을 한다. 뛰어놀고 나면 아이들의 두뇌 활동이 촉진되고 집중력이 향상된다. 부산교육청은 체덕지에서 '덕'을 '인(仁)'으로 바꿨다. 저자의 생각과 같은 기발한 발상이다. 전인교육의 시작은 학내에 다양한 스포츠동아리와 예능 동아리를 만들어 아이들을 의무적으로 가입시켜 활동하게 하는 것이다. 학생이 필요로 하는 운동기구나 악기 등은 쌓아둔 교육교부금으로 지원하면 될 것이다. 공부는 그다음에 자연스럽게 하게 된다. 기(氣)가 발바닥에 모여 있는 아이들은 뛰고 움직여야 한다. 그런 아이들을 책상에 붙잡아 둔다고 공부가 되는 것은 아니다. 학생에게 체력은 곧 학습력이고 체력은 몸과 마음을 연결하는 징검다리다. 건강을 잃으면 모든 것을 잃는다는 말은 학생에게도 적용된다.

중등학교 평준화의 명암
빗나간 엘리트 의식

저자는 초등학교 6학년 2학기에 화순에서 광주로 전학했다. 그때에는 이촌향도(離村向都)로 인해 인구의 도시집중 문제가 야기되었다. 저자는 광주에서 대학에 다니던 형을 졸랐다. 저자가 광주에 있는 학교로 전학하기는 쉽지 않았다. 광주에서는 기간을 정해 농촌 출신 학생의 전입을 금지했다. 형은 그것을 모른 채 해당 학교를 방문했는데 이미 마감되었다는 말을 전해 들었다. 저자는 시골 학교에 자퇴 원서를 제출한 상태로 난감한 상황에 부닥쳤다. 형이 해당 학교를 찾아 딱한 사정을 말하고 상담을 한 결과, 교육청이 허락하면 전학을 받아준다고 했다. 이때 형은 고등학교 시절 교육감으로부터 상을 받으면서 교육감이 했던 말을 기억해 냈다. "어려운 일이 있으면 찾아와라." 형은 교육감실에 전화하여 자초지종을 이야기하고 어렵게 교육감과 통화할 기회를 얻었고 동생의 전입 승낙을 받아냈다.

중학교는 일명 '뺑뺑이(중학교 무시험 입학제도)'로 미션스쿨 중학교에 배정되어 통학버스를 타고 3년을 다녔다. 삼형제가 자취 생활을 했는데, 참 힘들고 여유가 없던 때였다. 당시 세태는 시골에서 도회지로 이주하면 일가친척 집에 더부살이하는 것이 일반적인 현상이었는데, 삼형제가 친척 집에 머물기는 어려웠다. 주말마다 부모님이 계신 시골에서 한 손엔 반찬을 들고 어깨에는 쌀을 메고 왔다. 부모님은 식량 보급기지 역할을 했다. 일요일 기차역에는 고향에서 도회지로 돌아가는 또래 학생들로 붐볐고 기차간에는 반찬 냄새가 진동했다. 여름철에는 다려 입은 교복이 땀에 젖었다. 부모의 교육열과 자녀의 향학열이 오늘의 대한민국을 일으킨 밑거름이 되었을 것이다.

고등학교 역시 '뺑뺑이(고등학교 평준화 정책)'로 광주일고에 배정되었다. 어머니는 아들이 호남의 명문고에 배정받았다는 소식을 듣고 꿈 이야기를 하셨다. "한일자(一)로 쭉 뻗은 철도 길을 가다 하얀 고무신을 떨어뜨렸다"라고 말씀하시면서 꿈이 맞았다고 좋아하셨다. 한자의 학교 이름, 즉 일고(一高)에서 일(一)과 쭉 뻗은 철도 길을 겹쳐 생각하면 틀린 말씀도 아닐 것 같아 아들을 생각하는 어머니의 깊은 마음을 느낄 수 있었다.

입학해서 보니 3학년 선배들은 시험 기수였다. 광주일고는 호남권의 명문을 넘어 전국적으로도 명문고로서 이름을 날리고 있던 시기였다. 지역마다 일고(一高)라고 이름을 붙인 고등학교가 많은 줄은 입학 후 한참 지나서야 알았다. 명문고로 배정받아 마음고생을 참 많이 했다. 선배들은 뺑뺑이 기수를 후배로 인정하지 않겠다는 말을 노골적으로 했고, 뺑뺑이들은 시험성적으로 입학했던 선배들 앞에서 심리적으로 위축되었다. 교사들은 한술 더 떴다. 교사들은 수업 시간에 몇 명이 서울대에 입학했고, 그중 몇 명이 고시에 합격하여 판·검사를 하고 있다는 등의 자랑을 하면서 너희들은 대단한 선배들이 앉았다 간 자리에 있는 것을 영광으로 생각하라는 식의 자랑을 늘어놓았다. 그런 뛰어난 학생들을 가르친 교사가 바로 자신이라고 말하면서 자기 자랑을 하는 것 같기도 했다.

참고삼아 비평준화 고등학교가 최고조에 이르렀던 시기는 60년대 말~70년대 초였는데, 이때 이른바 명문고로 불리는 고등학교의 서울대학교 진학률을 살펴보자. 경기고는 졸업생(N 수생을 포함)의 절반가량인 300명 이상이 합격했다. 서울고, 경복고가 200명 내외의 합격자를 내며 경기고와 함께 3대 명문고로 불렸다. 경기여고, 경남고, 부산고, 경북고, 광주일고가 순서대로 100명 이상의 합격자를 냈다. 용산고, 대전고, 전주고도 100명 안팎의 합격자 수를 냈다. 오늘날 평준화 이후 새로운 명문고로 부상한 과학고, 외고 등에서 서울대학교에 진학하는 졸업생이 100명 미만인 것을 생각하면, 당시 명문고에서 배출한 서울대학교 합격자 수는 엄청나다. KS는 한국산업표준(Korean Standard)의 두문자이지만, 당시 대한민국에서 KS는 경기고와 서울대 출신을 일컬었다.

사회생활을 하면서 몇 번 동문회 모임에 참석했는데, 선배가 후배를 만나면 '몇 회냐?'라고 묻는 것이 일상적인 질문이었다. 선배는 후배의 대답을 듣고 뺑뺑이 기수인가, 시험 기수인가를 머릿속에서 계산했다. 시험 기수 선배들이 후배들에게 보여준 편협하고 배타적인 행동은 모교에 대한 애정을 식게 만들기도 했다. 자신의 의지와 상관없이 뺑뺑이로 학교를 배정받았는데 어쩌란 말인가? 누가 누구를 탓하는가 싶었다. 우리 사회의 비뚤어진 엘리트 의식이나 서열화 문제와 관련지어 생각할 때 무척이나 서운하고 안타까웠다(저자는 어쩌다 시험으로 들어간 광주일고 출신 동문을 만나면 뼈있는 농담으로 '광주이고'를 나왔다고 한다).

2018년 한국교육개발원에서 벌인 여론 조사 결과는 평준화 정책에 대해 의미 있는 시사점을 준다. "고교 평준화에 대해 찬성하느냐"라는 질문에 3분의 2 정도가 찬성하는 것으로 나타났다. "교육의 다양화에 대해서 찬성하느냐"라는 질문에도 3분의 2 가까이가 찬성한다는 반응을 나타냈다. 국민 대다수는 학교 평준화도 찬성하고, 교육의 다양화도 찬성한다. 평준화는 교육의 기회균등이고, 교육의 다양화는 획일적 교육을 지양하라는 말이다. 우리 국민은 교육의 기회가 특정인에게 쏠리는 특권교육, 엘리트 교육에 염증을 낸다. 그리고 주입식 교육이나 획일적 교육에 대해서도 반감이 크다. 세상이 바뀌고 아이들도 예전하고는 아주 다른데 과거의 교육 내용과 교육방식을 그대로 적용하는 것은 문제라고 생각한다. 개별화 교육이나 맞춤형 교육으로의 방향 전환을 요구한다.

과거 명문고에 다녔던 사람들은 인지능력, 수리력, 언어능력, 즉 IQ가 좀 뛰어났던 사람들이다. 중고등학교의 공부는 주로 암기하고 계산하고 글을 쓰는 것으로 편향되어 있다는 점에서, 이 분야의 능력이 좋으면 공부를 잘할 수 있었다. 그러나 학교 밖에서는 또 다른 능력을 요구한다. '학교 우등생이 사회 우등생은 아니다'라는 말이 괜히 나왔겠는가.

오늘날에는 다중지능(Multiple Intelligence, 多重知能) 이론에 주목한다. 다중지능 이론은 아이들이 가진 개성과 고유의 재능을 발견하고 키워주는 인간 지능에 대한 새로운 접근법이다. 인간은 언어, 논리수학, 음악, 공간, 신체 운동, 인간 친화, 자기 성찰, 자연 친화 등 8가지 서로 다른 영역의 지능을 갖고 있다. 개인의 지적 능력에서 개성과 적성은 8개의 지능 각각이 발현되는 정도의 차이에 의해 결정된다. 수학을 잘하지 못했던 친구는 예술가로 성장했고, 운동에 소질이 부족했던 친구가 생물학자로 활동하고 있는 것을 본다. 사람은 오래오래 지켜보고 판단을 내려야 한다.

엘리트 의식에 도취해 비평준화 시절 명문고 입학생은 평준화 이전 세대와 이후 세대를 갈라 동문회를 따로 개최하는 등 학벌주의적 차별 행태를 공공연하게 보인 사례도 있었다. 빗나간 엘리트 의식이 만든 우습고도 서글픈 일화다. 누구나 다 똑똑할 수는 없다. 우리 사회를 이끌어가는 엘리트는 필요하고 그런 엘리트를 양성하는 교육기관도 필요하다. 그러나 우리 사회의 엘리트로 불리는 사람 중 빗나간 엘리트 의식을 가지고 있는 사람이 문제다. 명문 학교를 졸업하면 엘리트라고 착각한다. 청소년 시절에 잠깐 다닌 학교 경험이 평생 엘리트라는 보장은 아니다. 만약 학교를 기준으로 엘리트 여부를 판가름한다면 우리 인생은 너무나 억울하다. 엘리트는 평생에 걸쳐 노력하고 성취해 나가는 사람이다. 청소년 시절에는 자신의 재능을 갈고닦는 데 소홀했지만, 이후에 더 정진하여 자신이 가진 역량을 키운 사람이 참 엘리트다. 엘리트는 장마 끝에 잠깐 드는 햇볕 같은 존재가 아니다. 진정한 엘리트는 남보다 특별한 재능을 가지고 있는 것에 감사한 마음을 가지고 자신과 가족은 물론이고 공동체를 위해 자기 능력과 기량을 이바지할 수 있는 겸손한 사람일 것이다.

조선 제일의 선박 건조(建造) 엔지니어, 나대용

개척자 모델

저자는 체암(遞菴) 나대용(羅大用, 1556~1612)을 오늘날 기업가 정신이 투철한 무인(武人)이면서 선박 건조 기술 혁신가로 생각한다. 마이크로소프트(MS)의 CEO를 역임했던 스티브 발머는 기업가 정신의 본질에 대해 정의 내린다. "기업가 정신의 본질은 다른 사람들 눈에는 보이지 않는 기회를 발견했다는 확신이 들었을 때 자신의 에너지와 지적 능력 그리고 다른 사람의 도움까지 동원해서 그 기회를 구체적으로 현실화하는 것이다." 나대용은 기업가 정신에 부합한 인물이었다. 나대용은 최강의 돌격선인 거북선을 만들기 위해 벼슬을 그만두고 고향 나주에 낙향하여 연구에 정진하였다. 그는 아이디어와 지적 능력을 실현하고자 거북선 설계도를 가지고 이순신을 찾아갔다. 이순신 장군은 참신한 아이디어에 대해서는 귀를 기울이고 그 아이디어를 구체화하는 데 열정을 가진 지휘관이었다. 나대용은 이순신 장군을 만나 그의 아이디어를 실현할 수 있었다. 나대용의 자(字)는 시망(時望), 즉 '때를 기다리는 사람'이다. 그는 자신의 꿈을 실현하게 할 사람을 기다렸고 드디어 이순신 장군을 만났다. 두 사람은 일본의 침입을 예측했고 조선의 바다를 지키고 싶은 애국심과 조국애로 무장하여 의기투합하였다. 역사 드라마 〈불멸의 이순신〉(2004년)은 나대용이 이순신 장군을 만나 그의 계획을 현실화시키는 장면을 보여 준다.

나대용은 이순신 장군과는 떼려야 뗄 수 없는 관계를 맺고 있다. 조선 수군에서는 부하와 상관의 관계로 거북선을 건조하는 전선 감조 실무 책임자로 활약했고, 인간적으로는 이순신 장군이 모함으로 투옥되었을 때 그의 무고함을 호소하기도 했다. 만약 나대용이 이순신 장군을 찾아가지 않고 거북선을 만들지 않았다면, 임진왜란의 전황에 상당한 영향을 주었을 것이다. 조선 수군의 거북선은 일본 수군에게 공포의 대명사가 되면서 심리전에서 기선을 제압하는 일등 공신이었기 때문이다. 거북선을 복카이센(해저괴물)으로 부르는 일본 수군의 거북선에 대한 두려움을 없애고 사기를 높이기 위해 일본 장군들은 거북선을 메쿠라부네(맹인선)라고 부를 정도였다. 이순신 장군이 거북선이 없는 조선 수군을 지휘했더라면 그의 전략과 전술에는 많은 변화가 뒤따랐을 것이다. 나대용은 혁신적인 아이디어가 많았고, 이순신 장군은 그런 나대용을 알아보고 그의 재능을 현실화시키도록 지원했다. 요즘 말로 이순신 장군과 나대용은 환상적인 케미였다. 임진왜란 당시 도원수(조선군 총사령관)를 지낸 권율은 이순신 장군과 나대용의 관계를 이렇게 표현했다. "이순신 장군은 나대용이 없었다면 그와 같은 무공을 세울 수 없었을 것이고, 나대용은 이순신 장군이 아니었다면 큰 이름을 이룰 수 없었을 것이다."(김세곤, 2011)

저자는 역사, 그것이 개인의 역사든 국가의 역사든 좌나 우로 치우치지 않고 중립적인 자세를 견지해야 한다고 생각한다. 《조선왕조실록》이 세계유산으로 높이 평가를 받는 것은 역사를 기록하는 사관(史官)이 목숨을 걸고 직필했다는 점일 것이다. 역사적 인물이라고 해서 모든 것을 잘할 수는 없을 것이다. 인간적인 허물이 있을 수 있다. 중요한 것은 잘한 점과 못한 점을 있는 그대로 드러낼 필요가 있다. 판단은 후세가 내리는 것이다. 실록에 기록된 나대용에 관한 내용을 옮겨본다. 독자는 무인 나대용, 목민관 나대용, 인간 나대용에 대한 균형 잡힌 판단을 내릴 수 있을 것이다.

임진왜란 중인 1596년의 《조선왕조실록》에 기록된 나대용과 관련된 내용이다. "강진 현감 나대용은 사람됨이 간교하여 일을 처리하는 데 매우 주제넘으며 술과 떡 같은 것을 만들어 백성들에게 명성을 구하고 남의 말(馬)을 약탈하여 뇌물로 썼습니다. 그리고 사신이 바다를 건널 때에는 수호용 선박을 배정하는 것이 전례인데 보내지 않았으니, 형편없이 관직을 수행하며 사명을 멸시한 죄가 큽니다. 파직시키소서."(선조실록 81권, 선조 29년 10월 11일 갑술 1번째 기사)

이번에는 임진왜란이 끝난 1599년의 《조선왕조실록》에 기록된 나대용과 관련된 내용이다. "능성 현령(현재의 화순군 능주) 나대용은 부임한 뒤 오직 음주만을 일삼아 일체의 관청 사무를 오로지 아랫사람에게 위임시키고는 백성을 포악하게 대하여 자신을 살찌우기만을 일삼고 있는데, 고향에서 머잖은 지역에 있어 범람한 일이 더욱 많습니다. 그리고 조정에서 고을을 통합한 의도는 본래 잔민(殘民)을 소생시키고자 해서인데, 소속된 화순 백성들을 대하기를 마치 월(越) 나라 사람이 진(秦) 나라 사람의 병고를 보듯이 하며 배나 침탈을 가하므로, 그 고통을 견디지 못하고 있습니다. 파직을 명하소서."(선조실록 112권, 선조 32년 윤 4월 1일 기묘 4번째 기사)

나대용에 관한 실록의 기록을 몇 번이고 보면서 저자의 눈을 의심했다. 전시에 민생문제와 치안 유지에 전력을 다했어야 할 목민관이 약탈물로 뇌물을 쓰는 등 관직을 수행하기에 부적합하다는 내용이다. 전쟁이 끝난 후에는 백성을 돌보는 목민관이 아니라 오히려 자신의 사익을 위하고 지역 차별을 일삼았다는 내용이다.

나대용을 알다가도 모를 일이다. 그토록 투철한 사명감으로 국가를 위해 헌신했던 무인 나대용이 목민관으로 부임해서는 파직을 당할 정도로 부적절한 처신을 했는지 말이다. 무인이라고 지방행정관으로서 능력을 발휘하지 못하란 법은 없다. 이순신 장군 역시 전라좌도 수군절도사에 부임하기 전인 1589년에 전라도 정읍 현감(태인 현감 겸임)으로 목민관을 역임했다. 이순신 장군은 목민관으로서 선정을 베풀어 지역민들의 칭송을 받지 않았던가. 나대용이 임진왜란 내내 이순신 장군의 특급참모로서 이순신 장군의 말과 행동에 영향을 받았으면, 누구보다 목민관으로서 본보기가 되었을 것인데 하는 아쉬움을 가져본다.

목민관 나대용에 대한 논란을 부인할 수는 없지만, 나대용은 조선 수군이 일본 수군을 압도한 불퇴전의 전함인 거북선 제작의 일등 공신이었고 임진왜란의 판세를 뒤바꾼 특출한 공적을 남겼다. 그는 1592년 3월 거북선 건조를 마쳤고, 임진왜란 발발(1592년 4월 13일) 하루 전인 4월 12일 거북선에서 포격 실험을 성공적으로 마쳤다. 그는 전쟁에서 나라를 구한 뛰어난 과학자(엔지니어)요 무관이었으며, 이순신 장군의 충직한 참모였다. 오늘날 나대용을 개척자(First Mover)로 비유할 수 있을 것이다. 그는 전쟁에 대비하여 조선 수군의 판옥선을 개선하고 세계 해전에 길이 남을 새로운 전함(거북선)을 만들어 전쟁의 판도를 바꾸는 중요한 역할을 담당했으며, 전쟁 후에는 수군 전력을 개선하기 위해 소형 해추선(쾌속선)을 진수시키기도 했다. 나대용이 지방목민관이 아닌 조선 수군을 총괄하는 삼도통제사가 되었다면 군인으로서 그가 가진 참신한 아이디어와 열정을 제대로 발휘할 수 있었을 것이라는 생각을 해본다. 무엇보다 나대용은 조선 제일의 선박 건조 엔지니어였기 때문이다. 동헌(東軒)에 앉아 행정업무를 보기보다는 망망대해에서 조선 최강의 수군에 사용될 배 만드는 꿈을 꾸었을 나대용을 이해하지 못하는 사람들은 그를 파직하라는 상소를 올렸을 것이다. 용인술의 첫 단추는 적재적소(適材適所)다.

대한민국 해군은 1999년 건조한 잠수함을 '나대용 함(艦)'으로 명명하여 나대용의 업적을 기리고 있으며, 나대용의 고향 나주시에서는 그의 업적을 재조명하는 학술대회를 개최하고 있다. 무엇보다 이순신 장군에게 나대용은 천군만마(千軍萬馬)에 비유할 수 있으며, 이순신 장군이 조선을 누란의 위기에서 구해내게 한 중요한 인물 중 한 명이었다. '만남은 하늘이 내리고, 그 관계의 책임은 사람에게 있다'라는 말을 되새겨보게 된다.

📖   김세곤. (2011). 《임진왜란과 호남사람들》. 서울: 온새미로.
     샤, 비카스. (2022). 《생각을 바꾸는 생각들》. 임경은 옮김. 서울: 인플루엔셜.
     김영수. (2022). 《글로벌경제신문》. 〈나주시, 거북선 건조 '나대용 장군'

업적 재조명 ⋯ 학술대회 개최〉. 11월 16일.

〈불멸의 이순신〉. (2004). 드라마.

〈한산: 용의 출현〉. (2022). 영화.

〈한산 리덕스〉. (2022). 영화.

〈노량〉. (2023). 영화.

경복궁의 건달불(乾達火)
옛사람의 예지력

유교를 국가통치 철학의 근간으로 삼았던 조선은 궁궐을 짓는데도 유교 철학에 근거한 원리에 충실했다. 《주례》의 '좌묘우사 전조후침'의 원리를 따랐다. 이 원리에 따라 북악산 아래 경복궁을 중심으로 좌에 종묘, 우에 사직단을 배치했다. 국왕이 정사(政事)를 보는 건물은 앞에 배치하고, 생활 건물은 뒤편에 배치했다. 황궁의 구조는 5문 3조 5단 월대이고, 왕궁의 구조는 3문 3조 3단 월대이다(2023년 10월, 일제에 의해 훼손된 경복궁 월대가 복원됐다. 월대는 국가적으로 중요한 행사가 있을 때 왕과 백성이 소통하는 장소로서 궁궐 정문에 난간석을 두르고 기단을 쌓은 경우는 광화문 월대가 유일하다). 왕궁인 경복궁의 경우는 이 원리에 따라 광화문, 흥례문, 근정문을 거쳐 정전인 근정전에 이르게 된다. 3조는 외조, 치조, 연조를 말한다. 외조는 외국 사신을 맞이하고 문무백관을 조회하는 곳이다. 치조는 왕이 정무를 보는 곳이다. 연조는 왕과 왕비의 생활공간이다(염철현, 25-40). 그러나 경복궁은 1592년 임진왜란으로 불에 탔다. 유교 이념을 통치 철학으로 구현하고자 야심차게 완성했던 경복궁이 통치를 받던 백성들에 의해 소실된 것이다. 소실된 경복궁은 오랫동안 방치되다 1867년(고종 5년)에 중건됐다.

그 경복궁 안에 또 다른 궁이 지어졌다. 1873년(고종 10년)에 경복궁 가장 북쪽 한적한 곳에 건청궁(乾淸宮)을 지었다. '하늘이 맑다'라는 의미의 집이다. 건청궁은 왕과 왕비가 한가롭게 휴식을 취하면서 거처할 목적으로 지어졌다. 앞에는 큰 연못을 파고 연못 가운데 정자(香遠亭)를 꾸몄다. 당시 조선의 재정으로는 경복궁 중건도 힘에 벅찬 대역사(大役 事)였다. 당백전을 발행하고 원납전을 거둬들이면서 민심은 이탈됐고 국가 경제는 바닥이 보였다. 고종의 건청궁 준공은 비밀리에 진행됐고 왕의 사비인 내탕금으로 지어졌다고 하지만, 그 재원은 곧 백성의 혈세다. 정치적으로는 고종이 아버지 흥선대원군의 섭정(攝政)에서 벗어나 친정체제를 구축하려는 정치적 자립을 상징한다고 하지만 석연치 않다. 국가 재정이 고갈된 상황에서 궁궐 안에 또 다른 궁을 지어 왕실의 위세를 떨치고자 했다. 건물 위의 하늘은 맑을지 몰라도 백성의 마음은 검은 구름으로 뒤덮고 있었다.

1887년 1월 26일(음 1월 3일) 경복궁 건청궁에 처음으로 전깃불이 들어왔다. 미국의 에디슨(Thomas Edison)이 전기를 발명한 지 8년 만이었다. 16촉(1촉광은 양초 1개의 밝기) 광열등 750개를 점등할 수 있는 규모였다. 1894년에는 창덕궁에 제2전등소가 세워졌는데, 건청궁 전등소의 약 3배에 달하는 규모였다. 당시 건청궁의 발전기는 증기식이었는데, 향원정(香遠亭) 연못의 물을 끓여 석탄을 연료로 돌렸다. 일종의 화력발전소다. 요즘 발전소를 그때에는 전등소(電燈所) 또는 전기소(電氣所)라고 불렀는데 기계 소리가 마치 천둥소리처럼 요란스러웠다.

조선인들은 서양 문명의 총아인 전깃불을 보면서 여러 가지의 이름을 붙여 불렀다. 전깃불을 '건달불(乾達火)'이라고 했다. 흥미로운 이름이다. 전깃불을 사람으로 비유했다. 건달이란 일정하게 하는 일도 없이 건들거리는 행동을 하는 사람을 말한다. 전깃불이 제멋대로 켜졌다 꺼지기를 반복하고 돈을 축내는 게 꼭 건달을 닮았다고 해서 붙여진 이름이다. 발전기 가동으로 연못의 수온이 올라 물고기가 떼죽음을 당해 물고기를 찐다는 뜻의 '증어(蒸漁)'라고 부르기도 했다. 또 연못물을 먹고 건청궁 처마 밑을 벌겋게 달군다고 '물불', 묘하다고 '묘화(妙火)', 괴상한 불빛이라며 '마귀불(愧火)'이라고도 했다. 덕수궁 전기발전소는 발전기 돌아가는 소리가 얼마나 덜덜거렸던지 덕수궁 전깃불을 '덜덜불'이라 했고, 정동 골목은 '덜덜 골목'이란 별명까지 붙였다.

동시대에 사용하는 언어를 보면 동시대인의 문화를 수용하는 사고체계와 세계관을 짐작할 수 있는 법이다. 조선은 전깃불이 처음 들어왔을 때, 전기의 작동 원리는 제쳐두고 밖으로 나타난 현상을 의식구조에 적용하여 '건달'에 '불'을 합성하여 '건달불'이라고 불렀다. 인간의 언어는 의식이란 거푸집에서 사고 작용을 통해 나오는 결과물이라는 점에서 매우 흥미로운 발상이다.

2014년 우리나라에서 암흑세계에 광명을 비추었던 백열등이 사라졌다. 사라졌다는 표현보다는 퇴출당했다. 건청궁에 불을 밝힌 지 127년만의 소등(消燈)이다. 그동안 백열전구는 형광등이나 발광다이오드(LED) 램프 같은 새로운 조명기기에 밀려 사라져 갔다. 필라멘트에 전류가 흘러나오는 열로 빛을 내는 백열전구는 전력 소비가 많고 수명이 짧은 단점을 가지고 있다. 백열전구에 투입되는 전력량 가운데 5%만이 불을 밝히는 데 쓰이고 나머지 95%는 열에너지로 발산된다고 한다.

여기서 LED 기술에 대해 부연할 필요가 있다. 무엇보다 흥미로운 사실은 반짝반짝 빛을 발하는 LED가 반도체라는 점이다. 흔히 반도체라고 하면 작고 얇은 반도체 IC칩을 생각하지만, LED도 전류를 가하면 빛을 발하는 반도체 소자이다. 반도체는 크게 단원소 반도체, 화합물 반도체 그리고 유기물 반도체로 분류되는데, LED는 이 중 화합물 반도체에 속한다. LED는 전기에너지를 빛에너지로 변환시켜 주는 '광반도체'이다. LED는 '고효율, 저전력, 장수명'을 특징으로 한다. LED는 기존 백열등 대비 1/5 수준의 전력만 소비하기 때문에 에너지를 크게 절감할 수 있다. 백열등 대비 15배 이상의 긴 수명으로 하루 10시간씩 1년을 사용한다고 가정했을 때, 기본적으로 30년 이상 사용할 수 있는 장수 조명이다. 이렇게 사용했을 때 기존 조명 대비 전기요금이 최대 87% 수준으로 절감된다. 무엇보다 LED는 형광등과 달리 수은(Hg)을 전혀 함유하지 않아 이산화탄소(CO_2)가 발생하지 않는 친환경 기술이다(삼성반도체 뉴스룸, 2013).

과학을 통해 밝혀진 백열등의 특성을 놓고 보면, 136년 전 경복궁 건청궁에 처음 켜진 전깃불을 보고 '건달불'이라고 불렀던 선조들의 선견지명이 돋보인다. 오랫동안 백열등은 건달 노릇을 해 온 것이나 다름없었기 때문이다. 당시 과학적인 사고와는 동떨어진 조선인들이 서양의 과학을 수용하는 방식을 보여주는 용어이긴 해도 오랜 시간이 지나면서 그들의 인문학적 혜안이 맞았다는 것이 밝혀진 것이 아니겠는가. 옛 사람들이 오늘날의 조명기기를 어떻게 부를까 궁금하다.

📖 김원모. (2002).《한미 외교관계 100년사》. 서울: 철학과현실사.

신석호 외. (1980).《민족의 저항》. 서울: 신구문화사.

염철현. (2021).《현대인의 인문학》. 서울: 고려대학교출판문화원.

민병근. (2014).《대한전기협회》.〈근대 조명－건청궁(乾淸宮)과 전등소 (電燈所)의 '건달불' ②〉. 시리즈 제450호.

김기찬. (2013).《중앙일보》.〈백열전구 퇴출 ⋯ 1887년 첫 불 켠 '건달 불' 사라진다〉. 7월 17일.

박경룡. (2022).《세종대왕신문》.〈건달불에 얽힌 한국 도깨비, 일본 영 혼, 서양 귀신 사연〉. 3월 15일.

이향우. (2021).《중앙일보》.〈고종이 친정 펴려고 사비로 지은 건청궁 의 비극〉. 8월 17일.

〈LED란 무엇일까? LED의 기본 원리와 종류, 장점〉. 삼성반도체 뉴스룸 (2013.2.5).

아까시나무 vs 아카시아
'선무당이 사람 잡는다'

1972년 발표된 박화목의 동요 〈과수원길〉의 가사다.

> 동구 밖 과수원길 아카시아 꽃이 활짝 피었네
> 하아얀 꽃 이파리 눈송이처럼 날리네
> 향긋한 꽃 냄새가 실바람 타고 솔 솔
> 둘이서 말이 없네 얼굴 마주 보며 쌩긋
> 아카시아 꽃 하얗게 핀
> 먼 옛날의 과수원길

  짙은 녹음이 우거진 여름철, 과수원 가는 길옆에 활짝 핀 아까시나무 꽃이 꽃향기를 내뿜고 이파리를 날리는 모습과 함께 고향의 향수를 자극하는 노래다. 이 노래를 들으며 아까시나무 꽃향기를 맡으면 그 냄새가 더 진하게 풍겨온다. 가사가 정감이 넘치고 노래를 부르는 사람도 행복한 미소를 짓지 않을 수 없을 정도로 포근하다.
  우리나라를 대표하는 서정적인 동요 가사에 잘못된 표기가 두 군데 있다. 눈치 빠른 독자들은 알아챘을 것이다. 아카시아 꽃의 정확한 표기는 아까시나무 꽃이다. 해태껌 '아카시아'도 아까시나무를 아카시아로 부르게 한 일등 공신이다. '아름다운~아가씨~어찌 그리 예쁜가요~아가씨 그~윽한 그 향기는 무언가요 아~아~아카시아 껌.' 껌의 함유 성분에는 아카시아 꿀 0.2%가 함유되어 있다고 적혀있다.

한반도에는 진짜 아카시아가 자랄 수 없다. 어떻게 아까시나무가 아카시아로 잘못 알려진 것일까. 아까시나무의 학명은 pseudo acacia, 즉 '가짜 아카시아'다. 아까시나무를 학명대로 옮기다 보니 아카시아로 부르게 된 것으로 보인다. 아까시나무와 아카시아는 결정적인 차이가 있다. 아까시나무의 꽃은 하얀색이고, 아카시아 꽃은 노란색이다. 아까시나무와 아카시아는 같은 콩과에 속하지만, 아카시아는 미모사아과이고, 아까시나무는 콩아과이다. 진짜 아카시아의 잎은 미모사를 닮아 작은 잎이 마주 보고 있는 형태이다.

저자 역시 아까시나무를 아카시아로 알았고 그렇게 불렀다. 솔직히 저자에게 아까시나무는 두 가지 점에서 배척과 타도의 대상이다. 아까시나무에 대해 적개심과 분노를 지니고 있다고 해도 지나치지 않다. 첫째, 일제강점기에 일본인들이 아까시나무를 의도적으로 우리 땅에 심었다는 말을 듣고 난 뒤부터다(여러 가지 설이 있지만, 정설은 1890년 인천에서 무역업을 하던 일본인 사가키가 중국 상해에서 묘목을 사 인천공원에 심은 이후로 전국으로 퍼졌다고 한다). 나중에 알고 보니 우리나라 정부가 한국전쟁 후 땔감 나무 벌목 등으로 황폐해진 민둥산을 녹화하기 위해 전국에 식수한 나무라고 한다. 둘째, 아까시나무가 선산에 모신 부모 묘소에 똬리 틀고 있으니 눈 밖에 났을 수밖에 없다. 적응성과 번식력을 보면 두 손

두 발을 들고 만다. 뿌리를 죽이는 제초제(근사미)를 뿌려도 다시 새순이 나온다. 누구도 이 나무를 정원수로 집안에 심었다는 말을 듣지 못했다. 척박한 땅에서도 뿌리를 내리고 꽃을 피우고 열매를 맺는다. 편견을 먹고 차별을 이겨내며 그렇게 묵묵히 버틴다.

오뉴월 늦봄에서 초여름으로 가는 길목, 아까시나무가 보란 듯이 치렁치렁 달린 우윳빛의 꽃과 함께 향기를 내뿜는다. 구박받고 자란 아이가 풀 죽어 고개를 땅바닥에 떨구듯 아까시나무의 꽃들도 같은 모양새이다. 보란 듯이 산천을 진동하는 강렬한 향기는 편견과 차별과 냉대를 이겨낸 환희의 표현이다.

저자는 그동안 아까시나무에 대해 오해를 많이 하고 있었다. 첫째, 저자는 아까시나무가 번식력과 적응력이 뛰어나 다른 나무들을 죽이는 줄로 알았다. 그러나 아까시나무는 햇빛이 많은 곳에서 사는 특성 때문에 숲을 이루고 있는 곳에는 침범하지 못한다. 또 콩과 식물로 땅을 비옥하게 하는 능력의 소유자다. 아까시나무가 콩과 식물인 것도 놀랍다. 콩과 식물은 뿌리혹박테리아가 있어 질소를 고정해 특별히 비료를 주지 않아도 척박한 환경에서 잘 자란다. 토양을 비옥하게 하는 능력 때문에 민둥산을 푸르게 하는데 일등 공신 역할을 했다(아까시나무는 대체로 수령 20년~30년이 지나면 서서히 주위의 토종 나무에 자리를 내준다). 둘째, 우리나라 산에 아까시나무가 많은 것을 보면서 아까시나무가 다른 좋은 나무들을 잠식하는가 싶어 걱정을 많이 했다. 그러나 목재로서도 유용한 가치가 있다. 최고의 재질(材質)로 치는 느티나무에 비교해도 뒤지지 않는다. 아까시나무는 습기에 강해 온천의 천장재, 건축재, 농기구재 등으로 사용한다. 내구성이 뛰어나 마차 바퀴로 쓰일 정도다. 셋째, 저자가 아까시나무를 미워하고 배척한 사적인 악감정이다. 부모 묘소 침범죄다. 그러나 묘지에는 다른 나무가 없어 햇볕을 좋아하는 아까시나무 나무에는 최적의 환경이라고 한다. 아까시나무가 좋아하는 환경을 만들어 놓은 채 나무만을 탓한 꼴이다.

'선무당이 사람 잡는다'라는 속담이 있다. 의술에 서투른 사람이 치료해 준다고 하다가 사람을 죽이기까지 한다는 뜻이다. 영어식 표현은 'A little knowledge is a dangerous thing.' 저자가 알고 있던 아까시나무에 대한 지식은 대부분 오해에서 비롯되었음이 밝혀졌다. 이름조차 제대로 알지 못한 채 아까시나무를 보면 분노하고 배척하였다. 아까시나무를 보면 에누리 없이 베어버렸고 낫질이나 톱질하는 어깨에도 힘이 들어갔다. 얄팍한 앎을 경계하지 않고 감정을 앞세운 탓이다. 아까시나무에 대한 터무니없는 오해를 한 나 자신을 성찰하며 그의 용서를 바란다. 다가오는 여름에는 과수원 길을 부르며 눈송이 닮은 이파리의 향기를 마음껏 즐겨 보아야겠다.

무엇보다 아까시나무는 대표적인 밀원수(蜜源樹)가 아니겠는가. 꿀을 채집하는 사람들은 아까시나무가 꽃 피는 시기를 쫓아 제주도에서 휴전선까지 이동한다. 우리나라 꿀 총생산량의 70%는 아까시나무에서 딸 정도라고 한다. 이 정도로도 아까시나무의 존재 이유는 충분하지 않겠는가. 아까시나무에 대한 거짓의 베일을 걷어버리고 진실을 알고 나서 보는 산의 모습은 예전과는 또 다른 모습으로 다가오는 듯하다.

📖 박상진. (2018). 《우리 나무의 세계 2》. 파주: 김영사.

김우선. (2023). 《이로운 넷》. 〈사람들이 잘못 알고 있는 아카시아 나무? 아까시 나무!〉. 7월 2일.

박용준. (2022). 《쿠키뉴스》. 〈아카시아? 아까시나무!〉. 5월 24일.

달린다는 것
나를 지키는 생명줄

한여름이 지나고 선선해진 새벽에 인왕산 아래 도로를 따라 북악스카이웨이 방향으로 달린다. 산바람과 초가을의 풀내음이 정신을 맑게 하고 대자연의 기운이 몸에 전달되는 느낌이다. 달리기 연륜이 쌓이면서 나름의 비결을 터득하였다. 어느 지점에서 힘이 빠져 지칠 때는 도로에 표기된 노란색이나 하얀색 줄을 보고 달리다 보면 나도 모르는 사이 목표지점에 도달한다. 그렇게 줄을 따라 달리면서 문득 우리네 인생도 줄의 연속선 상에 놓여 있다는 생각에 이른다.

인간이 처음 만나는 '줄(線)'은 탯줄이다. 탯줄은 곧 생명줄이다. 인간의 생명은 어머니의 자궁에 연결된 탯줄에서 시작한다. 인간은 탯줄이 잘리는 순간 독립적인 개체로서 호흡하기 시작하고 자신만의 생명줄을 만들어 나간다. 그래서 생명을 다하는 날은 그 (생)명줄이 끊어졌다고 한다.

인간의 생명선이 탯줄이라면 줄은 새로운 시작을 위한 창조의 밑거름이기도 하다. 저자는 베틀에 앉아 삼베옷을 짜는 어머니의 모습에 경외감을 느낄 때가 많았다. 베틀은 직조기계다. 어머니는 그 왜소한 몸으로 방안을 가득 채운 거대한 구조물인 베틀을 자유자재로 다루셨다. 어머니는 두 발을 상하로 움직여 동력을 만들고, 두 손으로는 좌우로 북을 번갈아 움직이며 씨줄과 날줄을 교차시키며 옷감을 짜냈다. 한겨울 베틀이 차지한 공간은 생명이 꿈틀거리는 열기로 후끈하다. 북이 어머니의 자궁이라면 거기에서 나오는 실은 탯줄이다. 북이 밤새 움직인 채 동이 트면 아이들 입힐 삼베옷이며 의식에 입을 모시옷의 옷감이 마련된다. 어머니는 능수능란한 직녀(織女)였다.

전통적인 농촌에서 겨울철의 창조가 베틀에서 이루어진다면, 여름철엔 안방을 차지한 누에가 그 주인공이다. 누에가 뽕잎을 갉아 먹을 때 나는 '아삭아삭' 소리, 그것도 위에서 아래로 질서정연하게 먹는 모습이 눈에 선하다. 회색빛을 띠는 누에가 뽕잎을 먹으면 몸 색깔도 초록의 뽕잎 색깔로 바뀌게 된다. 완벽한 트랜스포머(transformer)다. 그 누에가 성장하여 몸에서 줄을 뽑아내 고치를 만든다. 약 60시간에 걸쳐 2.5g 정도의 고치를 만든다. 한 개의 고치에서 풀려나오는 실의 길이는 1,200~1,500m가 된다. 고치를 짓고 나서 약 70시간이 지나면 고치 속에서 번데기가 되며, 그 뒤 12~16일이 지나면 나방이 된다(한국민족문화대백과사전). 누에고치에서 뽑아낸 실로 만든 직물이 견직물, 즉 비단, 명주다. 견직물은 우아한 광택과 부드러운 촉감이 있고 화려하여서 고급 옷감, 스카프, 넥타이, 실내 장식품 등을 만들 때 사용한다. 누에가 실을 만드는 과정을 지켜본 저자는 언젠가 비단 한복을 입었을 때 한복에서 누에의 아삭아삭 소리가 들리는 듯했다.

인간은 줄에서 태어나서 줄과 함께 살아간다. 현대인은 세로 가로로 연결된 관계의 줄을 네트워크(network)라고 한다. 거미줄의 그물처럼 얽혀있는 연결망을 연상시킨다. '줄을 서다'거나 '줄을 대다'와 같은 말에서 줄은 자신의 이익을 위해 수단, 방법을 가리지 않는다는 부정적인 뉘앙스를 주지만, 네트워크라는 말을 사용하면 뭔가 긍정적인 연상을 하게 된다. 언어를 디자인하면 새로운 어감(語感)으로 다가온다.

줄은 점(點)에서 비롯된다. 점이 모이면 선이 되고 면이 된다. 그림을 생각하면 더 그렇다. 그림은 한 점에서 시작하여 하나의 작품으로 완성된다. 화룡점정(畫龍點睛)이란 고사성어가 있다. 직역하면 '용을 그리면서 맨 마지막에 눈동자(睛)를 그려 넣는다'라는 뜻이다. 의역하면 '무슨 일을 할 때 최후의 순간에 결정타, 즉 용의 눈에 점을 찍으면서 작품을 멋지게 완성한다'라는 뜻이다. 달리기처럼 점이 선으로 이어지는 운동도 드물 것이다. 앞으로 내딛는 한 발 한 발은 점이 되고, 이 점들이 모여 마라톤의 완주 거리 42.195km가 된다. 언젠가 만보계가 유행했다. 하루에 걷는 걸음 수를 총량화하는 기계이다. 만보계를 허리춤에 차고 한 걸음 한 걸음을 옮기는 시간이 모여 그의 명줄을 단단하게 만든다. 오늘도 발로 점을 찍는다. 내 인생의 화룡점정을 위한 시작점이다. 이 점이 모여 긴 줄이 되고, 이 줄이 고래 심줄 같은 나의 명줄인 줄 알기 때문이다.

혹자는 인생을 마라톤에 비유한다. 사람마다 각자 정한 거리와 코스가 있을 것이다. 문제는 얼마나 달릴 것이냐는 것보다, 어떻게 달리느냐이다. 그리고 어떻게 달릴 것이냐는 곧 어떻게 살 것이냐이다. 나의 인생은 마라톤의 반환점을 돌았다. 한 발 한 발 한 점 한 점이 누적된 결과다. 지난날 어머니가 밤을 새워 손발을 부지런히 움직여 옷을 지어내신 것처럼, 오늘 아침에도 손과 발을 쉬지 않고 움직이며 인생의 화룡점정을 향해 달린다. 그 점과 그 줄이 하나밖에 없는 나의 생명줄인 줄 알기 때문이다.

참고자료

책, 논문

쥐베르·마르탱. (2010).《프랑스 군인 쥐베르가 기록한 병인양요》. 유소연 옮김. 파주: 살림출판사

강선보. (2018).《마르틴 부버 만남의 교육철학》. 서울: 박영스토리.

《고려사》.〈권제7〉.〈권제27〉.〈권제43〉.

길승수. (2023).《고려거란전쟁－고려의 영웅들》. 파주: 들녘.

김세곤. (2011).《임진왜란과 호남사람들》. 서울: 온새미로.

김원모. (2002).《한미 외교관계 100년사》. 서울: 철학과 현실사.

김종대. (2022).《이순신, 하나가 되어 죽을 힘을 다해 싸웠습니다》. 서울: 가디언

김종래. (2016).《유목민 이야기》. 파주: 꿈엔들.

김중순. (2023).《워낭소리 봉화에서 미시시피 인디언 마을까지》. 서울: 일조각.

김충열. (2008).《남명조식의 학문과 선비정신》. 서울: 예문서원.

딜렌슈나이더, 로버트. (2020).《결정의 원칙》. 이수정 옮김. 서울: 인플루엔셜.

램버트, 앤드루. (2004).《넬슨》. 박아람 옮김. 서울: 생각의 나무.

로자브스키, 헨리. (1991).《대학, 갈등과 선택》. 이형행 옮김. 서울: 삼성경제연구소.

류성룡. (1604).《징비록》. 오세진·신재훈·박희정 옮김. 서울: 홍익출판미디어그룹.

류시화. (2012).《사랑하라 한 번도 상처받지 않은 것처럼》. 서울: 오래된 미래.

_____. (2021).《새는 날아가면서 뒤돌아보지 않는다》. 파주: 더숲.

매케인, 존·솔터 마크. (2009).《고독한 리더를 위한 6가지 결단의 힘》. 안혜원 옮김. 파주: 살림.

맥스웰, 존. (2013).《어떻게 배울 것인가》. 박산호 옮김. 서울: 비즈니스북스.

모하마드, 마하티르. (2012).《마하티르》. 정호재·김은정 외 옮김. 서울: 동아시아.

문순태. (2015).《소쇄원에서 꿈을 꾸다》. 서울: 오래.

박노해. (2022).《박노해 시집》. 서울: 느린걸음.

박상진. (2018).《우리 나무의 세계 2》. 파주: 김영사.

박상하. (2009).《이기는 정주영, 지지 않는 이병철》. 서울: 도서출판 무한.

박은식. (2021).《한국통사》. 김승일 옮김. 파주: 범우사.

박춘호. (1998).《지리산골에서 세계의 바다에서》. 서울: 문학사상사.

박현모. (2006).《세종의 수성 리더십》. 서울: 삼성경제연구소.

사마천. (BC 91?).《사기열전》. 김원중 옮김. 서울: 을유문화사.

샤, 비카스. (2022).《생각을 바꾸는 생각들》. 임경은 옮김. 서울: 인플루엔셜.

섀퍼, 보도. (2018).《이기는 습관》. 박성원 옮김. 서울: 토네이도미디어그룹.

서기원. (1997).《광화문》. 서울: 대교출판.

석영달. (2016). "1920년대 초 영국 해군 장교의 일본사 서술 속 이순신 읽기-조지 알렉산더 밸러드의 『해양이 일본 정치사에 미친 영향』을 중심으로". 한일관계사연구, 통권 55호.

《선조실록》 25권, 선조 24년 8월 13일 을사 2번째 기사.

《세조실록》 3권, 세조 2년 3월 28일 정유 3번째 기사.

《세종실록》 61권, 세종 15년 9월 16일 을미 3번째 기사.

소웰, 토마스. (2008).《세계의 차별철폐정책》. 염철현 옮김. 파주: 한울아카데미.

손진태. (1988).《朝鮮民族史槪論》. 서울: 을유문화사.

신석호 외. (1980).《민족의 저항》. 서울: 신구문화사.

신창호. (2009).《인간, 왜 가르치고 배우는가》. 고양: 서현사.

아산 정주영과 나 편찬위원회. (1997).《아산 정주영과 나》. 서울: (재)아산사회복지사업재단.

안주섭. (2003).《고려 거란 전쟁》. 파주: 경인문화사.

앤더슨, 테리. (2004).《차별철폐정책의 기원과 발자취》. 염철현 옮김. 파주:

한울아카데미.

염철현. (2021).《현대인의 인문학》. 서울: 고려대학교출판문화원.

오경아. (2022).《소박한 정원》. 파주: 궁리.

오천석. (1996).《스승》. 서울: 배영사.

유홍준. (2016).《나의 문화유산답사기 2》. 파주: 창비.

올리버, 닐. (2020).《잠자는 죽음을 깨워 길을 물었다》. 이진옥 옮김. 파주: 월북.

유승훈. (2016).《조선 궁궐 저주 사건》. 파주: 글항아리.

윤원현. (2002).《성리학의 이념과 동아시아 자본주의 경제 발전》. 서울: 한국학술진흥재단.

이광요. (1998).《리콴유 자서전》. 류지호 옮김. 서울: 문학사상사.

이나미. (2018). "한국 민주주의의 뿌리로서의 '민란'". 한국민주주의 연구소. 28호.

이민규. (2016).《실행이 답이다》. 서울: 더난출판.

이봉수. (2021).《이순신이 지킨 바다》. 서울: 시루.

이양자. (2019).《감국대신 위안스카이》. 파주: 한울.

이어령. (2022).《뜻으로 읽는 한국어사전》. 파주: 문학사상.

이영석. (2000). "잉글랜드와 스코틀랜드". 한국사회조사연구소 제1권.

이지관. (1992).《가야산 해인사지(誌)》. 서울: 가산불교문화연구원.

이찬욱. (2008). "고전문학에 나타난 '파랑새(靑鳥)'의 문화원형 상징성 연구". 우리 문학연구, 25권.

이충렬. (2010).《간송 전형필》. 파주: 김영사.

임상욱. (2021). "동학의 정체성 형성 과정에 미친 서학의 영향 : 동학의 성장과 몰락". 동양학회, 59권.

임용한. (2015).《전쟁과 역사 2: 거란·여진과의 전쟁》. 서울: 도서출판 혜안.

정성희. (2000).《인물로 읽는 고려사》. 서울: 청아출판사.

정연진. (2003).《이야기 선교사(史) 양화진》. 서울: 홍성사.

정주영. (1992).《시련은 있어도 실패는 없다》. 서울: 현대문화신문사.

조 광. (2003). "19세기 후반 서학과 동학의 상호관계에 관한 연구". 동양학회, 제16권.

최래옥. (1986). "개화기 구비문학 연구". 한국학논집, 9권.

최인호. (2012). 《소설 공자》. 서울: 열림원.

_____. (2020). 《소설 상도》. 고양: 여백.

콸스, 벤자민. (1995). 《미국 흑인사. 조성훈》. 이미숙 옮김. 서울: 백산서당.

크로스비, 페이. (2004). 《끝나지 않은 논쟁, 차별철폐정책》. 염철현 옮김. 파
　　주: 한울아카데미.

톨스토이, 레흐. (1886). 《인간은 무엇으로 사는가》. 이순영 옮김. 서울: 문예
　　출판사.

홉하우스, 페넬로 · 에드워즈, 페앰브라. (2021). 《가드닝: 정원의 역사》. 박
　　원순 옮김. 서울: 시공사.

하워스, 패트릭. (2002). 《훈족의 왕 아틸라》. 김훈 옮김. 서울: 가람기획.

헐버트, 호머. (1906). 《대한제국 멸망사》. 신복룡 옮김. 서울: 집문당.

홍성표. (2008). "윌리엄 월레스와 스코틀랜드의 독립 전쟁". 서양중세사연
　　구, 22호.

Garrett, Leslie. (2004). *Helen Keller*. NY, New York: DK Publishing,
　　Inc.

신문 및 잡지

《경남일보》. (2005). 〈헝가리 훈족 후예들 "우리를 인정해 달라"〉. 4월 14일.

《영광신문》. (2021). 〈영광 사람도 모를 영광 이야기, 여기 다 있다〉. 1월 4일.

권병유. (2019). 《고대신문》. 〈지나쳐 온 캠퍼스 공간, 생생한 역사의 산증
　　인〉. 5월 8일.

권석하. (2023). 《주간조선》. 〈'작은 거인' 넬슨을 영국인들이 가장 존경하는
　　이유〉. 7월 14일.

권오영. (2023). 《법보신문》. 〈공군, 해인사 팔만대장경 지킨 김영환 장군 흉
　　상 조성〉. 10월 6일.

권재혁. (2021). 《강원도민일보》. 〈홍천지역 전설 계영배 문화관광상품화 추

진〉. 8월 24일.

김규환·오상도. (2015). 《서울신문》. 〈[싱가포르 국부 리콴유 사망] "죽거든, 내 집 허물라" … 貧國을 富國 만든 '反부패 독재자'〉. 3월 24일.

김기찬. (2013). 《중앙일보》. 〈백열전구 퇴출 … 1887년 첫 불 켠 '건달불' 사라진다〉. 7월 17일.

김민아. (2003). 《청년의사》. 〈동성제약 '정로환'〉. 5월 31일.

김석동. (2018). 《인사이트 코리아》. 〈진시황은 '흉노'가 무서워 만리장성 쌓았다〉. 2월 1일.

김영선. (2020). 《한국경제》. 〈싱가포르 4세대 리더십의 향배〉. 7월 13일.

김영수. (2022). 《글로벌경제신문》. 〈나주시, 거북선 건조 '나대용 장군' 업적 재조명 … 학술대회 개최〉. 11월 16일.

김유진. (2024). 《경향신문》. 〈바이든 "남북전쟁, 노예제가 원인 … 트럼프, 역사도 훔치려 해"〉. 1월 9일.

김은중. (2024). 《조선일보》. 〈노예제 두루뭉술 답변 … 헤일리 이어 트럼프도 '남북전쟁' 휘말렸다〉. 1월 9일.

김응구. (2023). 《CNB Journal》. 〈우린 술잔에도 인생을 담았구나〉. 4월 11일.

김인영. (2018). 《오피니언뉴스》. 〈스코틀랜드 독립 영웅 윌리엄 월리스〉. 8월 22일.

김재근. (2023). 《대전일보》. 〈[줌인] 서산 간척지 '정주영 기념관'을 추진하는 까닭은?〉. 2월 19일.

김재중. (2021). 《국민일보》. 〈[세계의 광장을 가다] ⑨ 런던 트라팔가 광장〉. 2월 17일.

김현민. (2019). 《아틀라스뉴스》. 〈리콴유 리더십 ① 일본 치하에서 얻은 통찰력〉. 10월 11일.

동학농민혁명기념재단. 《녹두꽃》. 여름 제52호.

문순태. (2018). 《담양뉴스》. 〈창간기념 기획연재(소설)/소쇄원에서 꿈을 꾸다(79)〉. 8월 20일.

민병근. (2014). 《대한전기협회》. 〈근대조명 – 건청궁(乾淸宮)과 전등소(電燈所)의 '건달불' ②〉. 시리즈 450호.

박경룡. (2022). 《세종대왕신문》. 〈건달불에 얽힌 한국 도깨비, 일본 영혼, 서양 귀신 사연〉. 3월 15일.

박보균. (2021). 《중앙선데이》. 〈[박보균의 현장 속으로] 위안스카이 협박, 조선 근대화의 황금 기회 봉쇄하라 … 한국 외교의 반면교사〉. 2월 27일.

박용준. (2022). 《쿠키뉴스》. 〈아카시아? 아까시나무!〉. 5월 24일.

박원식. (2006). 《중앙일보》. 〈지리산 천왕봉과 남명 조식〉. 10월 16일.

박현모. (2021). 《조선일보》. 〈[박현모의 실록 속으로] 세종 치세에 여진·일본·아랍인 귀화 행렬 … 明도 조선을 경계했다〉. 9월 7일.

백승종. (2020). 《월간중앙》. 〈[백승종의 세종 리더십과 부민(富民)의 길(9)] 남쪽 백성 이주 '사민정책'과 항구적 국경 방어망〉. 8월 17일.

보   일. (2023). 《경향신문》. 〈팔만대장경을 지켜낸 김영환 장군을 추모하며〉. 7월 8일.

서민영. (2023). 《조선일보》. 〈[숨어있는 세계사] '모뉴먼츠맨' 조직해 나치 약탈 문화재 되찾았죠〉. 6월 28일.

성유진. (2023). 《조선일보》. 〈"그의 비전에 경의" 제2 전성기 싱가포르, 리콴유를 소환하다〉. 7월 20일.

송기동·서충열. (2018). 《광주일보》. 〈[전라도 1000년 인물열전] ② 고려 2대 왕 혜종〉. 1월 10일.

안직수. (2005). 《불교신문》. 〈일제 치하 문화재 지켜낸 '문화 독립투사'〉. 8월 10일.

안진용. (2022). 《문화일보》. 〈'심심한 사과·금일·고지식' 뜻 모르는 MZ세대 … 문해력 부족 '심각'〉. 8월 29일.

유석재. (2023). 《조선일보》. 〈고종에 삿대질, 서양과의 외교방해 … 개화 발목 잡았죠〉. 6월 15일.

윤신영. (2018). 《동아사이언스》. 〈유럽 훈족-中 흉노족, 유전적으로 한뿌리〉. 5월 14일.

윤영철. (2015). 《건강미디어》. 〈동북아 역사를 지독한 냄새로 담아낸 정로환〉. 8월 10일.

이민석. (2023). 《조선일보》. 〈美를 기회의 땅 만든 소수인종 우대, 62년 만에 존폐 기로〉. 6월 14일.

_____. (2023). 《조선일보》. 〈흑인·히스패닉 '성공 사다리' … 오바마·라이스도 혜택〉. 7월 1일.

이태진. (2023). 《중앙선데이》. 〈근대현대사 특강: 청일전쟁, 은폐된 진실 ① 일본군, 청과 싸우기도 전에 경복궁 담부터 넘었다〉. 1월 13일−14일.

이한우. (2009). 《조선일보》. 〈[이한우의 역사 속의 WHY]고려의 매국노 '홍씨 3代'〉. 4월 25일.

이향우. (2021). 《중앙일보》. 〈고종이 친정 펴려고 사비로 지은 건청궁의 비극〉. 8월 17일.

임용한. (2010). 《동아비즈니스리뷰》. 〈참 군인의 표상, 고려 명장 양규〉. 제55호.

_____. (2014). 《동아비즈니스리뷰》. 〈전설적 명장 신립, 탄금대에서 몰락한 진짜 이유〉. 제163호.

장상록. (2016). 《전민일보》. 〈어느 반역자의 최후〉. 11월 25일.

장세정. (2008). 《중앙일보》. 〈청나라 말 비운의 황제 광서제 독살 사실 100년 만에 밝혔다〉. 11월 4일.

_____. (2023). 《중앙일보》. 〈외국인 내년 5% 돌파 … '다인종, 다문화 국가' 준비됐나〉. 11월 13일.

정재민·박나영. (2021). 《신동아》. 〈[해전의 승부수 군함⑧] '유럽의 명량대첩' 트라팔가 해전 그 서막〉. 3월 14일.

정희진. (2021). 《한겨레》. 〈[정희진의 융합] 문해력 '최하위' 한국〉. 5월 11일.

조용헌. (2023). 《조선일보》. 〈[조용헌 살롱] 돈의 맛〉. 11월 13일.

최민지·장윤서. (2023). 《중앙일보》. 〈56개 시군구, 다문화 초등생 10% 넘었다〉. 11월 7일.

최성우. (2019). 《사이언스타임스》. 〈3억 5천만 년을 살아온 '은행나무'〉. 4월 5일.

최원석. (2004). 《법보신문》. 〈불교와 풍수④ 도선국사의 비보풍수〉. 8월 10일.

최현주. (2023). 《중앙일보》. 〈외국인 노동자〉. 6월 5일.

추인용. (2022). 《중앙일보》. 〈"혼혈있는 나라가 국가냐" 본색 드러낸 총리
　　　에 뒤집힌 나라〉. 7월 26일.

허윤희. (2020). 《조선일보》. 〈조선 거상 임상옥의 술잔, 그 잔엔 비밀의 구
　　　멍이 있었는데〉. 10월 13일.

홍준기. (2023). 《조선일보》. 〈"리콴유가 남긴 다인종주의·반부패 정책이 싱
　　　가포르의 힘"〉. 7월 20일.

홍희경. (2021). 《서울신문》. 〈7년 전과는 다르다 … 분리독립 목소리 커진
　　　스코틀랜드〉. 5월 10일.

영화, 드라마, 다큐멘터리

〈고려거란전쟁〉. (2023). 드라마

〈노량〉. (2023). 영화.

〈노예 12년〉. (2014). 영화.

〈링컨〉. (2012). 영화.

〈모뉴먼츠맨: 세기의 작전〉. (2014). 영화

〈무신〉. (2012). 드라마.

〈미라클 워커〉. (1962). 영화.

〈불멸의 이순신〉. (2004). 드라마.

〈브레이브 하트〉. (1995). 영화.

〈브레이브 하트 2〉. (2019). 영화.

〈상도〉. (2001). 드라마.

〈아웃로 킹〉. (2018). 영화

〈영광의 깃발〉. (1989). 영화.

〈용의 전쟁 1885〉. (2017). 영화.

〈유교, 2500년의 여행-2부 "의(義), 빠르고 좁은 길"〉. (2007). 다큐멘터리.

〈은행나무 침대〉. (1996). 영화.

〈평화전쟁 1019〉. (2019). 다큐멘터리.

〈천문: 하늘에 묻는다〉. (2019). 영화.

〈한산 리덕스〉. (2022). 영화

〈한산: 용의 출현〉. (2022). 영화.

인터넷사이트

〈4군 6진 개척〉. 우리역사넷.

〈LED란 무엇일까? LED의 기본 원리와 종류, 장점〉. 삼성반도체 뉴스룸
　　　(2013.02.05).

〈금성산 고성(錦城山 古城)〉. 한국민족문화대백과사전.

〈기축옥사〉. 한국민족문화대백과사전.

〈낙산이대성 관음 정취 조신(洛山二大聖 觀音 正趣 調信)〉. 국사편찬위원회.

〈사민(徙民)〉. 우리역사넷.

〈소쇄원〉. 문화재청.

〈신민족주의사학(新民族主義史學)〉. 한국민족문화대백과사전.

〈양규〉. 한국사데이터베이스. 국사편찬위원회.

〈완사천〉. 나주시청.

〈임오군란〉. 한국민족문화대백과사전.

〈장영실〉. 우리 역사넷.

〈장화황후와 왕건〉. 국사편찬위원회.

〈정원(庭園)〉. 한국민족문화대백과사전.

〈조무요(朝霧謠)〉. 디지털영암문화대전.

〈홍복원〉. 한국사데이터베이스. 국사편찬위원회.

동학농민혁명기념재단.

염철현

고려대학교를 졸업하고 동 대학원에서 교육행정 및 (미국)교육법 전공으로 박사학위를 취득하고 현재 고려사이버대학교(www.cuk.edu) 인재개발학부 교수로 재직하고 있다. 교육자는 '먼저 읽고 깨닫는 사람'이라는 신념으로 다양한 분야의 독서를 하고 이를 자신의 성찰로 연결시키려는 부단한 노력을 하고 있다. 주된 학술적 관심 분야는 역사, 문화, 인권, 리더십 등이며 대표적인 저역서는 《교육논쟁 20》, 《다문화교육개론》, 《차별철폐정책의 기원과 발자취》, 《평생학습사회와 교육리더십》, 《학습예찬》, 《현대인의 인문학》(세종도서) 등이 있으며, 2022년부터 <인문의 힘 시리즈> 《인문의 눈으로 세상을 보다》, 《인문의 마음으로 세상을 읽다》, 《인문의 귀로 세상을 듣다》를 출간하였다.
hyunkor@cuk.edu

인문의 언어로 세상을 말하다

초판발행   2024년 3월 25일

지은이   염철현
펴낸이   노 현

편 집   전채린
교정·교열   박신아
표지디자인   권아린
제 작   고철민·조영환

펴낸곳   ㈜ 피와이메이트
              서울특별시 금천구 가산디지털2로 53 한라시그마밸리 210호(가산동)
              등록 2014. 2. 12. 제2018-000080호
전 화   02)733-6771
f a x   02)736-4818
e-mail   pys@pybook.co.kr
homepage   www.pybook.co.kr
ISBN   979-11-6519-988-3 94370
              979-11-6519-292-1(세트)

정 가   16,000원

박영스토리는 박영사와 함께하는 브랜드입니다.